Michel Houellebecq
ICH HABE EINEN TRAUM

Michel Houellebecq
ICH HABE EINEN TRAUM
Neue Interventionen

Aus dem Französischen von Hella Faust

Die Originalausgabe, der die Texte dieses Bandes entstammen,
erschien unter dem Titel ›Interventions 2‹ bei Flammarion, Paris
© Michel Houellebecq/Flammarion 2009

Erste Auflage 2010
© 2010 für die deutsche Ausgabe: DuMont Buchverlag, Köln
Alle Rechte vorbehalten
Aus dem Französischen von Hella Faust
Umschlag: Zero, München
Satz: Fagott, Ffm
Gesetzt aus der DTL Documenta und der LT Univers
Gedruckt auf säurefreiem und chlorfrei gebleichtem Papier
Druck und Verarbeitung: CPI – Clausen & Bosse, Leck
Printed in Germany
ISBN 978-3-8321-9592-2

www.dumont-buchverlag.de

ICH HABE EINEN TRAUM

INHALT

DIE FRAGE DER PÄDOPHILIE

Dieser Text erschien im Zuge der Dutroux-Affäre in der Zeit-
schrift L'Infini *(Nr. 59/1997) als Teil eines Dossiers, das sich*
mit Fragen von Kinderschutz und Pädophilie auseinandersetzt.
Der Autor antwortete darin auf folgenden Fragebogen:

I – Wie erklären Sie sich das große Aufsehen, das die
Affäre Dutroux erregt hat? Was versteht man Ihrer
Ansicht nach heutzutage unter einem Kind? Was
versteht man unter einem Pädophilen?

II – Hatten Sie als Minderjähriger eine Liebesbeziehung
zu einem Erwachsenen? Welche Erinnerung haben Sie
daran? Haben Sie persönlich Erinnerungen an eine
Form kindlicher Sexualität?

III – Sind Sie der Meinung, dass die Fachleute und
Interessenvertreter von Kindern uns alles sagen?
Haben Sie etwas hinzuzufügen?

Die Formulierung Ihrer Fragen empfinde ich als eine subtile
Einladung zu einem politisch unkorrekten Diskurs, der vermutlich die Sexualtriebe herauskehren soll, von denen die
Kindheit angeblich begleitet wird. Darauf werde ich mich
nicht einlassen. In Wirklichkeit gibt es in der Kindheit keine

Sexualtriebe. Es handelt sich dabei ganz schlicht um eine Erfindung. In allen von den Medien so selbstgefällig geschilderten Affären ist das Kind uneingeschränkt und vollends ein Opfer. Es ist aber auch eine Tatsache, dass die Hartnäckigkeit, mit der immer wieder auf Pädophilie und Inzest zurückgegriffen wird, für ein gewisses Wohlbefinden sorgt.

Mir scheint, als sei der Pädophile der ideale Sündenbock einer Gesellschaft, die alles dafür tut, die Begierde zu wecken, ohne die Mittel zu ihrer Befriedigung bereitzustellen. In gewisser Hinsicht ist das normal (die Werbung wie die Wirtschaft allgemein beruhen auf dem Wecken von Begierde und nicht auf ihrer Befriedigung). Dennoch halte ich es für hilfreich, an folgende, offensichtliche Wahrheit zu erinnern: So wie die Sexualökonomie derzeit beschaffen ist, hat ein reifer Mann zwar Lust auf Sex, doch er hat weder mehr die Möglichkeit, Sex zu haben, noch das Recht. So gesehen ist es nicht besonders erstaunlich, wenn er sich an dem einzigen Wesen vergreift, das ihm keinen Widerstand entgegenzusetzen vermag: dem Kind.

Der ideale Pädophile ist zweiundfünfzig Jahre alt. Er hat eine Glatze und einen Bauch. Er ist kaufmännischer Angestellter in einem Unternehmen, das nicht gut läuft. Häufig ist er in einem halb besiedelten Vorort mit trostloser Umgebung zu Hause. Er hat nicht das geringste Bedürfnis nach Veränderung. Er ist seit siebenundzwanzig Jahren mit einer Frau seines Alters verheiratet, ist praktizierender Katholik und unter seinen Nachbarn als anständiger Mensch bekannt. Sein Sexualleben ist alles andere als ein Feuerwerk.

Der Pädophile entdeckt zunächst die Pornographie, zu

10

deren eifrigem Konsumenten er wird. Seine Qualen verschlimmern sich auf diese Weise beträchtlich, die Kaufkraft seines Haushalts dagegen schwindet. Die Prostitution verschafft ihm nur bedingt Erleichterung. Seine Erektionen sind unzureichend und von kurzer Dauer – sie werden ihm ein Stein des Anstoßes: Er hat zwar bezahlt, doch die Verachtung der Prostituierten macht ihm ein wenig Angst. Meist ist seine Angst vor den Frauen ja auch begründet. Dagegen weiß er, dass er von einem Kind nichts zu befürchten hat. Er wäre selbst gern ein Kind.

Das Kind ist unschuldig, im wahrsten Sinne des Wortes. Es lebt in einer idealen Welt, nämlich jener, die der Entdeckung der Sexualität (und im Übrigen auch der des Geldes) vorausgeht. Nicht mehr lange (nur wenige Jahre noch), aber das weiß es noch nicht. Von seinen Eltern geliebt, ist es in der Tat ein liebenswertes Geschöpf. Es hält die Erwachsenen für weise und gutmütige Wesen. Es täuscht sich.

Die Begegnung zwischen diesen beiden Wesen, dem Pädophilen und dem Kind (dieses das glücklichste Wesen der Welt, da es noch keine Begierde kennt; jener das unglücklichste, da es die Begierde zwar kennt, sie aber nicht ausleben kann), hat alle Voraussetzungen für ein perfektes Melodram. Am Ende dieser Konfrontation ist das Kind definitiv besudelt. Die wenigen Jahre der Unschuld, die Jahre in einer Welt ohne Sexualität, sind ihm gestohlen worden. Den Pädophilen dagegen hat der Sog des Selbstekels ein beträchtliches Stück weiter nach unten gezogen. Seine Festnahme nimmt er mit Erleichterung auf, da sie ihm bestätigt, was er bereits ahnte: Er ist das abscheulichste und zugleich lächerlichste Wesen der Welt. Er ist alt, widerwärtig, sein Gewissen ist belastet – und er ist nicht einmal Schriftsteller! Er ist der Erste, der nach seiner Kastration verlangt. Er hat endlich begriffen, was alle um ihn herum seit langem wussten: Wird man selbst nicht mehr begehrt, hat man auch kein Recht mehr auf Begierde. Dieser von ihm begangene Fehler wird ihn teuer zu stehen kommen. Jahrelang wird er von den anderen Gefangenen sodomisiert, geschlagen und gedemütigt werden. Selbst in der Gefängnishierarchie steht er ganz unten. (Der Mörder, ein gefährliches Raubtier, wird als solches respektiert. Doch um sich an einem Kind zu vergreifen, denken seine Mitgefangenen zu Recht, braucht es eine gehörige Dosis an Elend und Feigheit.)

Da ich weder pädophil noch Opfer eines Pädophilen bin, fühle ich mich von Ihren Fragen im Grunde nicht direkt angesprochen. Ich persönlich habe das sexuelle Verlangen in einem normalen Alter entdeckt (wenn ich mich richtig erinnere, um meinen dreizehnten Geburtstag herum). Ich schätze mich glücklich, nicht früher initiiert und daher von dem Phänomen gewissermaßen wie von einer Naturkatastrophe überfallen worden zu sein – das macht es mir unmöglich, jemandem die Schuld in die Schuhe zu schieben. Natürlich hätte ich es vorgezogen, wenn man mir noch ein paar Jahre Aufschub gewährt hätte. Das hält mich nicht davon ab, es lächerlich zu finden, wenn bei Affären mit sechzehn- oder siebzehnjährigen Mädchen von Pädophilie die Rede ist (ein Sprachmissbrauch, den ich mehrmals in den TF1-Nachrichten habe beobachten können). Auch der Fragebogen, in dem abwechselnd die Begriffe »Minderjähriger« und »Kind« benutzt werden, fördert diese Zweideutigkeit. Zwischen der Kindheit und dem Erwachsenenalter liegt eine wichtige Etappe, die *Adoleszenz*. Die Adoleszenz ist in unseren heutigen Gesellschaften kein nebensächliches Übergangsstadium. Sie ist im Gegenteil das Stadium, in dem wir heute und praktisch bis zu unserem Tod zu leben verdammt sind, auch wenn unsere körperliche Hülle allmählich altert.

DIE MENSCHHEIT, PHASE 2

Dieser Text erschien als Nachwort zu Valerie Solanas' Werk
SCUM Manifesto *(Editions Mille et une nuits, 1998).*

Ich für meinen Teil habe Feministinnen immer für liebenswerte und prinzipiell harmlose Idiotinnen gehalten, die ihr
entwaffnender Mangel an Hellsichtigkeit leider gefährlich
gemacht hat. So kämpften sie in den siebziger Jahren für Ver-
hütungsmittel, Abtreibung, sexuelle Freiheit und so weiter,
ganz so, als sei das »patriarchalische System« eine boshafte
Erfindung der Männerwelt gewesen. In Wahrheit bestand
das historische Ziel der Männer ganz offensichtlich darin,
ein Höchstmaß an Perlen zu bumsen, ohne sich eine Familie aufzuhalsen. Die Naivität der armen Mädels ging so weit,
dass sie glaubten, die Lesbenliebe – eine von praktisch allen
aktiven Heterosexuellen geschätzte erotische Würze – sei
eine gefährliche Infragestellung der Männermacht. Das Trau-
rigste an der Sache aber ist, dass sie einen unverständlichen
Appetit für Berufsleben und Unternehmenskultur an den
Tag legten. Die Männer, die seit langem wussten, was es mit
der von der Arbeit offerierten »Freiheit« und »Selbstverwirk-
lichung« auf sich hat, grinsten nur milde.

Die Ergebnisse sind erschütternd. Dreißig Jahre nach den
Anfängen des Massenfeminismus sind die Frauen nicht nur
massiv in die Unternehmen eingezogen, sie vollbringen dort
auch alle wesentlichen Aufgaben. (Jeder, der einmal gear-

beitet hat, weiß, wie es um diese Dinge bestellt ist: Männliche Angestellte sind dumm, faul, streitsüchtig, undiszipliniert und in der Regel unfähig, sich in den Dienst einer kollektiven Aufgabe zu stellen.) Da der Markt der Begierde sein Imperium beträchtlich ausgeweitet hat, müssen sie gleichzeitig – und das mitunter jahrzehntelang – ihr »Verführungskapital« pflegen. Für ein Ergebnis, das insgesamt wenig überzeugt (der Alterungsprozess lässt sich im Großen und Ganzen nicht aufhalten), wenden sie wahnsinnige Mengen von Kraft und Geld auf. Da sie zudem nicht im Geringsten auf ihre Mutterrolle verzichtet haben, müssen sie das Kind oder die Kinder, die sie den Männern, welche ihren Weg gekreuzt haben, zu entlocken vermochten, zum Schluss allein erziehen. Besagte Männer haben sie unterdessen für eine Jüngere verlassen; und die, denen es gelungen ist, eine Unterhaltszahlung zu erlangen, dürfen sich noch glücklich schätzen. Zusammenfassend lässt sich sagen: Die unendliche Arbeit der Domestizierung, welche die Frauen in den vergangenen Jahrtausenden geleistet haben, um den primitiven Hang des Mannes zu Gewalttätigkeit, Fickerei, Sauferei und Glücksspiel zu unterdrücken und aus ihm eine des Soziallebens halbwegs fähige Kreatur zu machen, wurde innerhalb einer Generation zunichte gemacht.

Das Ziel der Feministinnen (als »freie und gleichwertige« Mitglieder in die Männergesellschaft einzuziehen, auch auf die Gefahr hin, dafür einen Teil ihrer Weiblichkeit opfern zu müssen) ist zumindest im Westen erreicht worden. Das Ziel der Valerie Solanas (die Vernichtung der Männergesellschaft und ihre Ersetzung durch eine Gesellschaft, die auf gegenteiligen Werten beruht), war gelinde gesagt ein gänzlich anderes. Schon auf den ersten Seiten von *SCUM Manifesto* spürt man, dass man es mit dem Text eines ganz anderen Kalibers zu tun hat. Auf das liebenswerte Geplapper einer Simone de Beauvoir (ihr berühmter Ausspruch »Man wird nicht als Frau geboren, man wird es« zeugt vor allem von der krassen Ignoranz biologischer Grundsätze) folgt eine realistische und vom gesunden Menschenverstand eingegebene Position: Die Unterschiede zwischen Mann und Frau sind im Wesentlichen genetischen und erst dann kulturellen Ursprungs. Diese Frage interessiert Valerie Solanas im Grunde aber nur mäßig: Für sie ist die Frau nicht nur anders als der Mann, sie ist ihm *überlegen*. Der Mann – ein biologischer Unfall, eine verfehlte Frau – ist ein gefühlsmäßiger Krüppel, er ist unfähig, Mitleid oder Liebe zu empfinden oder sich für andere zu interessieren. Zutiefst egozentrisch und auf immer Gefangener seiner selbst, steht er »irgendwo im Niemandsland zwischen Mensch und Affe«. Als unglücklicher, sich seines unangenehmen Äußeren bewusster Affe ist für ihn im Leben nur eins von Interesse, nämlich das frenetische Herauskehren des starken Geschlechts (indem er ein Höchstmaß an Frauen fickt und indem er mit anderen Männern, seinen Leidensgefährten, an sterilen und unheilvollen Wettkämpfen teilnimmt). Kurz gesagt: Der Mann ist ein mit einem Maschinengewehr bewaffneter Affe. Und so ist es ihm seiner egoistischen und gewaltsamen Natur gemäß auch gelungen, die Welt in einen – so die bissige Valerie – »Scheißhaufen« zu verwandeln.

Man ist versucht, diese rasante Geschichtsdeutung als Wahnvorstellung abzutun. Doch im Vergleich zu weit gewichtigeren Theorien (wie etwa dem Marxismus) behauptet sie mühelos das Feld. Ein amüsanter Beleg dafür findet sich in dem »falschen Freund« des englischen Titels SCUM (*Society for cutting up men*): Wenn sie *cutting up* lesen, verstehen die meisten Männer zunächst, dass sie kastriert werden sollen. Wenn sie dann erfahren, dass *to cut up* eher »zerstückeln, in Stücke schneiden« bedeutet, sind sie eigenartig beruhigt. Man bekommt eine Vorstellung davon, wie tief die jämmerliche Angst der Männer um ihre berühmte Potenz sitzt. Bemerkenswert ist ebenfalls, dass diejenigen, die ihre ganze Kraft in idiotische Kämpfe stecken (seien es Sportwettkämpfe, ethnische Konflikte, Banden-, Bürger- oder Religionskriege) und dabei die Aufmerksamkeit der Medien ungerechtfertigt und auf Kosten weit wichtigerer Themen auf sich konzentrieren, sich in jeglicher Hinsicht – ihren religiösen Überzeugungen, ihrer Rassenzugehörigkeit, ihren politischen Überzeugungen – voneinander unterscheiden. Das Einzige, was sie nachweisbar gemeinsam haben, wurde von Valerie Solanas treffend hervorgehoben: ihr Geschlecht. Unter den obskuren Idioten, die mit Buschmessern, Panzerfäusten oder Kalaschnikows ihre Spielchen treiben, findet sich keine einzige Frau. Zugleich erscheint eine Frau – und das trotz einer dreißig Jahre währenden ununterbrochenen feministischen Propaganda – in einer Geschäftssitzung oder einem Ministerrat noch immer etwas fehl am Platz. Dieses Missverhältnis, so Valerie Solanas, sei der Beweis für ihre grundsätzliche Überlegenheit. Die Frau hat weder den Machtkampf noch den Wettbewerb noch den Krieg erfunden. Das merkt man ihr an.

Man muss zugeben, dass SCUM Manifesto nach den ersten, hinreißenden Seiten leider in einen Schwachsinn umkippt, der an Max Stirner oder Schlimmeres erinnert. In Wahrheit stellt sich gleich von Anfang an eine gewisse Unruhe ein, ausgelöst von Valerie Solanas' *außergewöhnlichem* Verständnis der männlichen Psyche. Diese Unruhe nimmt zunehmend Gestalt an, nämlich in Form der typisch männlichen Züge, die sich bei der waghalsigen Pamphletistin bedauerlicherweise beobachten lassen. Da wären zunächst der Größenwahn, die unsägliche Eitelkeit, die irre Selbstüberschätzung (Züge, die sie letztlich fast genauso lächerlich erscheinen lassen wie den späten Nietzsche). Dann die krankhafte Anziehungskraft, die Gewalt, Mord, Verschwörung und »revolutionäres« Treiben auf sie ausüben. Tatsächlich sind diese Züge im Keim von Anfang an vorhanden, so etwa, wenn sie zu dem Schluss kommt, dass die Männer, deren natürliche Unterlegenheit sie für erwiesen hält, ein bedürftiger Teil der Menschheit sind, der vernichtet werden muss. Der Text endet recht übel mit ausgesprochen nazistischen Phantasmen (das beginnt mit der Erwähnung einer »entarteten Kunst« und reicht über den Vorschlag des Einsatzes von Gaskammern bis hin zum Bild der »Nacht der langen Messer«). Und nicht zuletzt scheint Valerie Solanas – darin ganz Kind ihrer Zeit und ihres Landes – verfangen in einem maßlosen Respekt vor dem »Individuum« und der »Freiheit«, für die man vergebens eine überzeugende Definition sucht. Ihre etwas unappetitliche Beschreibung der

»freien Frau« – d. h. der SCUM-Frau – führt uns zurück in die finstersten Stunden der sechziger Jahre. Das ist umso bedauerlicher, als Valerie mehrmals kurz davorsteht, ein glaubwürdiges Konzept vom Nichtvorhandensein eines individuellen Daseins zu entwickeln; umso bedauerlicher, als sie – wenig beeinflusst von dem in ihrer Zeit so gängigen reaktionären Geschwafel um das »Recht auf Differenz« – energisch für eine wissenschaftliche Verbesserung des Menschen plädiert; umso bedauerlicher, als sie im Gegensatz zu dem kulturalistischen Unsinn über die Ambivalenz und die »Ungewissheit von Identitäten« davon überzeugt bleibt, dass die Lösung der von ihr aufgeworfenen Problemstellungen in der Gentechnik zu suchen ist.

SCUM Manifesto ist mit Sicherheit nicht, wie 1977 von Solanas behauptet, der »beste Text der Geschichte«. Doch muss man einräumen, dass es geradezu verblüffend ist, wie weit seine biologischen Intuitionen reichen. Zum einen hat die Embryonalgenforschung die fakultative und sekundäre Rolle des männlichen Geschlechts bei der Vermehrung von Tieren deutlich bestätigt. Zum anderen lassen die von der Klontechnik erzielten Fortschritte auf den Durchbruch einer verlässlichen Reproduktion hoffen, mit der sich auch neue Möglichkeiten zwischenmenschlicher Beziehungen auftun werden, seltsamer Beziehungen, die sowohl auf Andersartigkeit als auch auf Gleichartigkeit beruhen werden (eineiige Zwillinge liefern uns schon heute ein Beispiel dafür). Längerfristig gesehen dürfte der direkte Eingriff in den genetischen Code es möglich machen, bestimmte Grenzen, von denen man gegenwärtig glaubt, sie seien untrennbar mit dem menschlichen Dasein verbunden (und von denen das Altern und der Tod natürlich die spektakulärsten sind), zu überwinden.

Während verständlich ist, dass solche Vorstellungen bei den Betbrüdern der Offenbarungsreligionen Schrecken auslösen (denen die Schöpfung von Leben als exklusive Domäne des Göttlichen gilt), ist die offensichtliche Zurückhaltung von Denkern, die sich *a priori* als »progressiv« betrachten, nur schwer nachzuvollziehen. Handelt es sich dabei um eine Grenze des westlichen politischen Denkens, das von Hobbes bis Rousseau nie in der Lage gewesen ist, sich eine Gesellschaft anders vorzustellen denn als Ansammlung von Individuen, und das mit der klassischen Konzeption von »Menschenrechten« und »Demokratie« seinen Höhepunkt erreicht hat? Um eine obskure und kindische Sehnsucht nach dem Stadium der Tragik, der Philosophie des »Absurden«, ja dem Zufall als regressiver Göttlichkeit? Um einen neuen Typ von Eifersucht, der vorauseilenden Eifersucht hinsichtlich der Möglichkeiten, die sich künftigen Generationen bieten werden? Wie dem auch sei – sicher ist, dass Valerie Solanas (ein wie alle Propheten unreifes, gemartertes, widersprüchliches, faszinierendes, enervierendes Wesen) ins Lager der Progressisten gehört. Ihre Verachtung für die Natur ist unendlich, absolut, grenzenlos. Als Beispiel sei hier der Absatz zitiert, in dem sie das Ideal des Hippielebens auf wunderbare Weise analysiert: »Er will zurück zur Natur, in die Wildnis, wo die wilden Tiere – wie seinesgleichen – hausen; er will weg von der Stadt, wo es wenigstens eine Spur, einen blassen Schimmer von Zivilisation gibt, er will auf dem Niveau der Spezies leben und seine Zeit mit simplen, ungeistigen Tätigkeiten verbringen, wie Ackerbau, ficken und Perlenketten auffädeln.«

Mitten in den Siebzigern, mitten in einem bis dato unbekannten ideologischen Chaos war Valerie Solanas trotz einiger nazistischer Ausrutscher im Grunde die Einzige ihrer Generation, die den Mut hatte, eine fortschrittliche und durchdachte Haltung zu wahren, die dem edelsten Vorhaben des Westens entsprach, nämlich der Errichtung und Weiterentwicklung einer absoluten technologischen Kontrolle des Menschen über die Natur (seine eigene biologische Natur inbegriffen). Und das mit dem langfristigen Ziel, auf einer mit dem moralischen Gesetz übereinstimmenden Basis eine neue Natur zu erschaffen, das heißt, in letzter Konsequenz eine Universalherrschaft der Liebe zu etablieren.

NEIL YOUNG

Dieser Text erschien im Dictionnaire du rock, *herausgegeben von Michka Assayas (Editions Robert Laffont, 2000).*

In den mittlerweile dreißig Jahren einer durchweg chaotischen Karriere hat der Zufall wiederholt dafür gesorgt, dass Neil Young und bestimmte Modeerscheinungen zusammenfielen. *Harvest* etwa konnte man Mitte der Siebziger bei allen Aussteigern finden. Dieser Erfolg kam ihn in den Achtzigern teuer zu stehen, bis die Grunge-Generation merkte, dass er auch harte, gemarterte Alben produziert hatte, die vom seltsamen Seufzen einer elektrischen Gitarre durchdrungen waren. Ein paar Jahre lang war Neil Young wieder angesagt und wurde als Wegbereiter gefeiert. Es ist seltsam, dass nichts ihn von seinem Kurs hat abbringen können; wobei man natürlich, um vom Kurs abkommen zu können, erst einmal eine Richtung eingeschlagen haben muss. »Einen Zustand, eine innere Spannung von Pathos durch Zeichen, eingerechnet das Tempo dieser Zeichen, mitzuteilen«, schreibt Nietzsche am Ende von *Ecce homo,* »das ist der Sinn jedes Stils; und in Anbetracht, dass die Vielheit innerer Zustände bei mir außerordentlich ist, gibt es bei mir viele Möglichkeiten des Stils.« Die musikalische Laufbahn Neil Youngs (zusammenhanglos, unkontrollierbar, aber stets von niederschmetternder Aufrichtigkeit) lässt sich mit der Biographie eines Manisch-Depressiven vergleichen oder mit dem Kurs eines Hochdruckgebiets, das abwechselnd über Berge und Täler hinwegzieht. Man hat wirklich den Eindruck, als würde er lediglich nach dem nächsten Musikinstrument greifen und die Gefühle, die seine Seele durchdringen, einfach und unmittelbar zum Ausdruck bringen. Dieses Instrument ist meist eine Gitarre. Doch während es großartige Gitarristen auch woanders gibt, sind nur sehr wenige Künstler in jeder ihrer Noten, in jedem Zittern ihrer Stimme so unmittelbar präsent und lebendig. »Soldier«, mit wenigen Fingern unbeholfen auf dem Klavier komponiert, ist eines seiner geheimnisvollsten und schönsten Lieder. Die Mundharmonika in »Little Wing« erreicht eine traurige Heftigkeit, wird zum verzweifelten Atem, der die Zeiten durchdringt. Und »Twilight«, eine seiner herzergreifendsten Abweichungen, taucht in völlig unerwartetem jazzigem Kontext auf. Bei Neil Young ist die Perfektion zerbrechlich, sie wird aus dem Chaos geboren. Kein einziges seiner Alben ist gänzlich gelungen. Ich kenne aber auch keins, das nicht wenigstens einen wunderbaren Song enthält.

Seine schönsten Platten sind zweifellos jene, die zwischen Traurigkeit, Einsamkeit, Wachtraum und friedlichem Glück oszillieren. Es ist durchaus möglich, sich seinen idealen Zuhörer, sein unsichtbares Pendant, vorzustellen: Neil Youngs Songs sind für die oft Unglücklichen und Einsamen, für jene, die haarscharf an den Toren der Verzweiflung vorbeischlittern; für jene, die dennoch weiter daran glauben, dass Glück möglich ist. Für jene, die nicht immer glücklich verliebt sind, doch die sich immer wieder neu verlieben. Diejenigen, denen die Versuchung des Zynismus nicht fremd ist, ohne dass sie aber in der Lage wären, ihr lange nachzugeben. Diejenigen, die beim Tod eines Freundes imstande sind, vor Wut zu weinen (»Tonight's the Night«). Diejenigen, die sich ernsthaft fragen, ob Jesus Christus kommen wird, um sie zu retten. Diejenigen, die voller Vertrauen denken, dass ein glückliches Leben auf dieser Erde möglich ist. Es braucht einen wirklich großen Künstler, um den Mut aufzubringen, sentimental zu sein, um die Gefahr in Kauf zu nehmen, seicht zu wirken. Doch manchmal tut es einfach gut zu hören, wie ein Mann demutsvoll und mit leiser, trauriger Stimme bedauert, von seiner Frau verlassen worden zu sein: Songs wie »A Man Needs a Maid« oder »What Did You Do to My Life« können aus diesem Grund nicht gleichgültig lassen. Ebenso tut es gut, in die regelrecht funkelnden und zauberhaften Hymnen auf die Liebe einzutauchen, die Neil Young im Laufe der Jahre in Zusammenarbeit mit Jack Nitzsche produziert hat: »Such a Woman« und vor allem das außergewöhnliche »We Never Danced«. Doch ähnlich wie Schubert ist Neil Young vielleicht noch erschütternder, wenn er versucht, das Glück zu beschreiben. »Sugar Mountain« und »I Am a Child« sind von einer Reinheit, einer Naivität, die einem das Herz bluten lassen. Solch ein Glück ist nicht möglich, nicht hier, nicht bei uns. Dazu hätte es bedurft, sich seine Kindheit zu bewahren. Ich kenne nicht nur keinen anderen Song, sondern überhaupt keine andere künstlerische Arbeit, die wie »My Boy« versucht, dieses obskure und herzergreifende Gefühl des reifen Mannes auszudrücken, den es traurig stimmt, dass sein Sohn die Gefilde der Kindheit bereits verlässt. Du hattest so wenig

Zeit, mein Sohn; wir hatten so wenig Zeit zusammen.« *Oh, you'd better take your time / My boy / I thought we had just begun.*« Einige seiner Texte beschwören die Adoleszenz über das heftige Gefühl des Verliebtseins. Doch das ist dem Rock gemein, und ich glaube, dass Neil Youngs originellste und schönste Songs jene sind, in denen es ihm möglich wurde, wieder zum Kind zu werden. Dieser Mann hat am Himmel oder auf der Wellenlinie eines Teichs mitunter seltsame Dinge erblickt. »After the Gold Rush« versetzt uns unmittelbar in einen Traum. »Here We Are in the Years«, so vertraut und verstörend, beschwört die schillernden Nachmittage der Romane von Clifford Simak herauf.

Wie wird man zu Neil Young? Das erzählt er uns im stark autobiographischen Text von »Don't Be Denied«: die zerrüttete Kindheit, die Prügel in der Schule, die Begegnung mit Stephen Stills, der Wunsch, ein Star zu sein. Und vor allem der Wille durchzuhalten. Lass dich nicht unterkriegen von der Welt. »*Oh friend of mine, don't be denied.*« Für wen singt er das? Für sich, für die ganze Welt? Ich gebe zu, dass ich oft das Gefühl hatte, er singt es für mich. Wenn ich diese ungeheuren, destrukturierten, völlig unglaublichen Querschläger höre, die in seinem Œuvre immer wieder auftauchen (»The Last Trip to Tulsa«, »Twilight«, »Inca Queen«, »Cortez the Killer«), dann kommt mir stets das gleiche Bild in den Sinn: ein Mann, der sich auf einem schwierigen und holprigen Weg vorankämpft. Der oft hinfällt, dessen Knie aufgeschlagen sind; der wieder aufsteht und weitergeht. (Es ist fast das gleiche Bild wie in der *Winterreise.* Nur ist es bei Schubert kalt, der Weg ist schneebedeckt, und der Mann wird heimgesucht von der schrecklichen Versuchung, sich in das Samtene von Tod und Schnee zu schmiegen.) Die elektrische Gitarre führt durch seltsame Landschaften, schreckenerregend und sublim. Mitunter kommt alles zur Ruhe, und der Puls der Welt schlägt in warmen Schwingungen. Mitunter überfallen Gewalt und Terror die Welt. Die Stimme singt weiter, eigensinnig und zerbrechlich. Die Stimme leitet uns. Sie kommt von weit her, aus den Tiefen der Seele. Sie gibt nicht auf. Es ist keine sehr männliche Stimme. Sie klingt ein wenig wie die einer Frau, eines Greises oder eines Kindes. Es ist die Stimme eines Menschen, der uns außerdem noch etwas Naives und Wichtiges zu sagen hat: Die Welt kann sein, wie sie will, das ist ihre Angelegenheit. Für uns ist das kein Grund, darauf zu verzichten, sie besser machen zu wollen. Das ist die einfache Botschaft von »Lotta Love«: »*It's gonna take a lotta love / To change the way things are.*« Das ist auch die von »Heart of Gold«, seinem unsterblichsten Song: »*Keeps me searching for a heart of gold / And I'm getting old.*« Mittlerweile höre ich Neil Young seit fast zwanzig Jahren. In Leid und Zweifel hat er mich oft begleitet. Ich weiß jetzt, dass die Zeit uns nichts anhaben kann.

GESPRÄCH MIT CHRISTIAN AUTHIER

Dieses Gespräch erschien im Januar 2002 in der Zeitschrift L'Opinion indépendante.

Opinion indépendante: Wie haben Sie die Polemik erlebt, die Ihre Äußerungen zum Islam ausgelöst haben?

Michel Houellebecq: Auf dieses Ausmaß war ich nicht gefasst. Ich weiß, das mag überraschend klingen, aber als ich sagte, der Islam sei »nun wirklich die dümmste aller Religionen«, tat ich das im Tonfall einer Feststellung. Ich dachte nicht, dass das kritisiert, und noch weniger, dass es angefochten werden würde. Die meisten guten Autoren der Vergangenheit – von Spinoza bis hin zu Lévi-Strauss – sind zu dem gleichen Schluss gekommen. Ich dachte daher, eine kurze Zusammenfassung würde ausreichen. Ich hatte nicht begriffen, dass der Respekt vor Identitäten derartige Ausmaße angenommen hat. Der Respekt vor Kulturen ist zur Pflicht geworden, und seien es die unmoralischsten und lächerlichsten. Selbst die katholische Kirche führt sich seit einigen Jahren wie eine Minderheit auf, die Respekt einfordert, auch wenn sie bei weitem nicht so scharf vorgeht wie der Islam. Merkwürdig ist, dass niemand diese Reaktion vorausgesehen hat. Sicher ist, dass Pierre Assouline[1] mich hasst und viel dafür getan hat, das Feuer zu schüren. Ich war von alldem ein wenig überrascht und erschrocken.

Haben Sie das Gefühl, dass wir bestimmten äußeren
Erscheinungen zum Trotz in einer puritanischen Zeit
leben?

Ja, ich habe den Eindruck, dass in den vergangenen Jahrhunderten und selbst noch zu Beginn des 20. Jahrhunderts freier über Religionen gesprochen wurde. Die Fronten haben sich zu einem bestimmten Zeitpunkt verhärtet. In meinem Fall aber habe ich den Eindruck, dass es der Erfolg war, der die Polemik ausgelöst hat, und nicht die Polemik, die den Erfolg verursacht hat. Wenn sich das Buch weniger gut verkauft hätte, hätten meine Chancen besser gestanden, unbeachtet davonzukommen. In seinem recht niederträchtigen Leitwort gibt Assouline übrigens zu, dass die Verbissenheit mir gegenüber mit dem voraussehbaren Erfolg meines Buches zu tun hatte.

Was haben Sie gedacht, als Guillaume Durand Sie in
der Kultursendung Campus² *fragte, ob das Vichy-Hemd,*
das Sie an diesem Tag trugen, ein Verweis auf den
Marschall Pétain sei?

Ich mag Guillaume Durand, aber das war nicht sehr lustig. Es war der etwas missratene Versuch, Humor in die Sendung zu bringen. Ich glaube, er war von den Ereignissen überfordert.

Einmal abgesehen von den Passagen und Ihren späteren
Äußerungen über den Islam mussten Sie doch davon

ausgehen, dass Plattform *heftige Reaktionen auslösen würde. Das Buch enthält scharfe Angriffe auf den Westen. Und auf etwas belanglosere Art machen Sie sich über Journalisten lustig, indem Sie deren Namen zitieren ...*

Es ist natürlich nie sehr geschickt, sich über die Presse lustig zu machen. Im Allgemeinen sind es aber nicht die Journalisten, die am schärfsten reagieren – sie sind Kritik gewohnt. Mehr Angst hatte ich vor den Marken: Eldorador, die Accor/Aurore-Gruppe ... Mit dem Reiseführer *Guide du routard* hatte ich weniger gerechnet, aber ich kann nicht behaupten, dass ich erstaunt gewesen wäre. Im Grunde hatte ich mit gar nichts gerechnet. Ich hielt dieses Buch für weniger subversiv als *Elementarteilchen*. Ich glaube, dass sich die Zustände in den drei Jahren verschlimmert haben. Die Forderungen nach Normalität haben zugenommen. Wir haben uns alle geirrt: ich, der Verleger, die Presseabteilung ... Keiner hat gesehen, aus welcher Ecke die Probleme kommen würden. An den Islam, der im Buch nicht das Hauptthema, sondern nur ein Hintergrundelement ist, hat wirklich kein Mensch gedacht.

Nur wenige Tage nach Beginn der Polemik rückte dieses »Hintergrundelement« lautstark in den Vordergrund des Tagesgeschehens ...[3]

Mich hat das Profil der Terroristen überrascht. Ich hatte gehört, dass muslimische Extremisten weitreichende naturwissenschaftliche Studiengänge absolviert hatten, aber ich glaubte eigentlich nicht daran. Das Profil dieser Terroristen kommt in Wirklichkeit dem der Mitglieder einer Sekte näher als dem gewöhnlicher Terroristen. Das ist ziemlich erschreckend. Bestimmte Zeitungen fingen an zu sagen, was ich seit langem dachte, nämlich, dass der islamische Fundamentalismus im Vergleich zum Islam des Korans kein spezieller Ausrutscher ist. Es ist eine mögliche Interpretation des Korans, die mühelos das Feld behauptet. Was mich fasziniert, ist, zu sehen, dass in den Medien eine große Anzahl von Leuten unausgesetzt wiederholt, dass die Grundbotschaft des Islam eine Botschaft der Toleranz sei, die den Mord verbiete und voller Respekt für Andersgläubige sei ... Ich habe im Hinblick auf Geschichte eine allgemeine Theorie: Es bringt nichts, auf ferne Epochen zurückzugreifen, um Zeitgeschichte zu erklären. Um einen Zustand global zusammenzufassen, reicht es aus, sich ein oder zwei Generationen zurückzuversetzen. Mich regt es jedes Mal auf, wenn man den Glanz des andalusischen Mittelalters oder etwas in der Art heraufbeschwört, denn auf die Praxis hat das keinerlei Einfluss mehr.

In Plattform *denkt eine Romanfigur, dass der Islam langfristig gesehen keine Chance hat, ihn die liberale globalisierte Welt einholen wird und dass die Massen ausschließlich vom westlichen Modell träumen ...*

Ja, ich glaube, das stimmt, wobei sich herausstellen mag, dass die lange Frist sehr lang sein kann. Ich glaube in der

Tat, dass die Massen vom westlichen Modell träumen. Es scheint mir im vorliegenden Fall das geringere Übel. Offensichtlich findet ein Kampf zwischen zwei Übeln statt, von denen eins schlimmer als das andere ist.

Die Romanfigur Michel macht den Narzissmus, das schwindende Bedürfnis nach Austausch und Geben sowie die Unfähigkeit, Sex als etwas Natürliches zu empfinden, für den Niedergang der Sexualität im Westen verantwortlich. Scheint Ihnen diese Kultur des Narzissmus der wahre Kern des Problems zu sein?

Ja, das ist ein wesentlicher Punkt. Wir verbringen viel zu viel Zeit damit, uns und andere zu bewerten. Man muss seinen eigenen Wert aber vergessen können, wenn man mit jemandem schlafen will. In dem Moment, in dem die Verführung das eigentliche Ziel ist, wird Sexualität unmöglich. Eine weitere Ursache für den Niedergang der Sexualität ist der Niedergang der Sentimentalität. Die Welle des Sadomasochismus ist mehr als eine reine Modeerscheinung. Auch wenn dahinter der Wille steht, neue »Looks« zu verkaufen, entspricht er tiefer gesehen einer bestimmten Lesart zwischenmenschlicher Beziehungen. SM ist nicht sehr sinnlich, man benutzt Accessoires, es kommt nicht zu Hautkontakt. Ich glaube, es gibt einen wirklichen Ekel vor dem Körper in unseren Gesellschaften, der nicht leicht zu interpretieren ist. Michel sagt an einer Stelle, dass das Verkümmern der Sexualität im Westen womöglich psychologische Ursachen hat, dass es aber vor allem ein soziologisches Phänomen ist.

Die Idee, derzufolge es keinen Sinn hat, soziologische Tatsachen psychologisch zu erklären, gefällt mir, das ist vom Standpunkt her sehr positivistisch. Wenn ich mir die Frage vom psychologischen Standpunkt aus stelle, dann kann ich in der Tat Gründe finden – wie etwa pornographische Bilder, im Vergleich zu denen die Realität ein wenig fade wirkt, die Pornographie, die der wirklichen Sexualität schadet, oder die Darstellung, die das Reale tötet... Das alles leuchtet ein, doch mir fällt vor allem der soziologische Aspekt auf. Global gesehen haben die zwischenmenschlichen Beziehungen abgenommen.

Michel und Valérie haben ein natürliches und instinktives Geschlechtsleben.

Bei mir ist Sexualität unschuldig. Sie ist nie transgressiv. Darin fühle ich mich Catherine Millet nahe. Aber die Darstellung von Pornographie in der Gegenwartskunst geht eher in Richtung Trash. Ich glaube, dass das Phantasma die Sexualität tötet und dass es nicht besonders interessant ist. Was von einem literarischen Standpunkt aus interessant – und schwierig – ist, sind die Empfindungen. Die Sprache ist nicht gemacht für den Ausdruck von Empfindungen, seien sie angenehm oder schmerzhaft. Auguste Comte hat eine sehr richtige Bemerkung über die Schwierigkeit gemacht, die darin besteht, einem Arzt seine Schmerzsymptome zu beschreiben. Man kann den Schmerz lokalisieren, man kann seine Intensität bestimmen, aber es ist schwierig, noch genauer zu sein. Das Gleiche gilt für das Lustgefühl. Und die

Schwierigkeit erhöht sich noch, wenn man nicht zur Metapher greifen will. Michel und Valérie aus *Plattform* lieben sich, und je mehr sie sich lieben, desto sexueller geht es zwischen ihnen zu. Es handelt sich folglich um eine Mischung aus Empfindungen und Gefühlen. Ich versuche, der Wirklichkeit nahezukommen. Das ist bei weitem nicht das Einfachste.

Man hat oft vergessen, dass Plattform *vielleicht zuallererst ein Liebesroman ist...*

Ja, das wurde oft vergessen. Das ist schade, denn es ist das erste Mal, dass ich eine Frauenfigur so umfassend ausgeführt habe. Und der schockierendste Aspekt des Buches – die Liebe im Westen – wurde so gut wie gar nicht besprochen. Er ist zu gefährlich, zu kompliziert... Die Zeitschrift *Elle* hat immerhin hervorgehoben, wie dramatisch das ist – was stimmt –, allerdings nur, um dann zu schreiben, dass sie nicht daran glaubt.

Die Liebesgeschichte endet beinahe mit einem Happy End...

Ich würde gern ein komplettes Idyll entwerfen. In diesem Fall jedoch wollte ich ein einsames Ende in Pattaya. Mir war dort aufgefallen, dass die Begierde nachlässt, sobald man festgestellt hat, dass hinsichtlich der Prostitution alles möglich ist. Wenn man davon ausgeht, dass Begierde etwas Schlechtes ist, was in meinem Fall zutrifft, dann ist das eine

Lösung. Um die Begierde zu unterdrücken, muss man sie befriedigen, das ist am einfachsten. Meinerseits handelt es sich dabei nicht um eine Haltung höchstmöglichen Konsums.

Michel hat den Glauben sowohl an kollektive Vorhaben als auch an die Politik verloren. Für ihn und Valérie besteht die Lösung in einer Art individualistischer Flucht.

In dieser Geschichte hat Valérie das Kommando. Sie ist es, die versucht, der Gesellschaft das Geld zu entreißen, das sie für ihr Zusammenleben brauchen. Sie sieht sich als ein kleines Raubtier, das beschränkte Bedürfnisse hat. Ich mag sie sehr. Wie Dostojewski glaube ich, dass man von jedem, der allgemeingültige und großzügige Ideen verbreitet, verlangen sollte, eine Person im Besonderen glücklich zu machen. Es stimmt, dass meine Romanfiguren politisch gesehen allesamt Nihilisten sind. Ich komme einfach nicht um die Feststellung herum, dass die Gesellschaft, in der ich lebe, Ziele verfolgt, die meinen nicht entsprechen. Der Westen ist für ein menschenwürdiges Leben ungeeignet. Es gibt eigentlich nur eine Sache, die man hier tun kann, nämlich Geld verdienen. Valéries Haltung ist daher bei jungen Leuten weit verbreitet: nämlich so schnell wie möglich Geld verdienen zu wollen, um dann woanders hinzuziehen. Das ist vernünftig.

Michel sagt, dass seine Vorfahren im Leben etwas vorhatten, dass sie an den Fortschritt und die

Zivilisation glaubten und dass sie dem Gedanken verbunden waren, ihren Nachkommen etwas zu hinterlassen. Ihre Figuren vermitteln deutlich, dass diese Ideen aufgegeben wurden ...

Es wird alles dafür getan, dass es im Westen so weit kommt. Nehmen wir ein Beispiel: Berlusconi macht eine Bemerkung. Sofort heißt es, es sei idiotisch, die verschiedenen Zivilisationen ihren Werten gemäß einzuteilen ... Nein, das ist nicht idiotisch. Man will uns von der Vorstellung abbringen, dass die westliche Zivilisation in bestimmten Aspekten ihre Überlegenheit erwiesen hat. Nun löst sie sich in Zynismus auf. Lange Zeit herrschte die Vorstellung, dass das Wohl der künftigen Generationen etwas Wichtiges sei. Heute kann man davon ausgehen, dass sich die Leute weniger in die Zukunft projizieren. Das Leben reduziert sich mehr und mehr auf Nutzwerte. Die Euthanasie gibt Aufschluss über jene Vorstellung, derzufolge es im Leben nichts anderes gibt als persönliche Vorteile und den damit verbundenen Fun.

In Plattform *gibt es sehr rohe Szenen urbaner Gewalt. Wenn man nicht mehr die Möglichkeit hat, sich mit dem anderen zu identifizieren, schreiben Sie, dann bleiben als einzige Form das Leiden und die Brutalität ...*

Ich glaube, das liegt größtenteils an der Anziehungskraft, die der Konsum ausübt. Und natürlich auch an der Kultur der Linken, die in großem Umfang dazu beigetragen hat, das Böse aufzuwerten, ihm eine Aura zu verleihen, insbesondere in der Figur des »Ganoven« wie etwa Genet, den Sartre auf den Heiligensockel gehoben hat. Es ist offensichtlich, dass Sartres Absicht dabei die Verbreitung des Unmoralischen war, denn ihm war natürlich klar, dass Genet ein durchschnittlicher Schriftsteller war. Das alles hat zur allgemeinen Abwertung des Moralkonzepts beigetragen. Noch schlimmer ist die Situation in den Vereinigten Staaten, auch wenn die Kultur der Linken dort bei weitem nicht so verbreitet ist. Dem allem liegt aber etwas noch Merkwürdigeres zugrunde: Die Leute wollen sich schlagen, sie wollen Gewalt. Mein Eindruck ist, dass die Kompromissbereitschaft abnimmt, selbst in harmlosen Angelegenheiten. Ich weiß z. B., dass meine Gegner immer meine Gegner bleiben werden. Der hedonistische Individualismus in seiner Reinform bringt das Gesetz des Dschungels hervor. Nur dass sich im Dschungel die Tiere so wenig wie möglich selbst gefährden. Dazu kommt, dass der westliche moderne Mann eine klare Vorliebe für Gewalt hat. Die jüngst erschienene Sonderausgabe der Zeitschrift *Technikart* zum Thema »Das Fight-Club-Dasein« ist in dieser Hinsicht ziemlich eloquent. Es ist möglich, dass diese Gewalt mit der Schwierigkeit zu tun hat, beim Sex noch etwas zu empfinden. Der Sinn für an sich angenehme Dinge ist verloren gegangen. Und die skandalträchtigen Medien helfen diesem Prozess deutlich voran.

Der Roman Plattform *enthält vor allem im ersten Drittel eine ausgesprochen starke Dosis Humor.*

Entsprach dies dem Wunsch, den Leser gleich
zu Beginn zu packen, um ihn dann nicht mehr
loszulassen?

Ja, ich glaube schon. Die Figuren von Robert und Josyane gefallen mir. Ich mag Robert. Ich mag Figuren, die auf die Nerven gehen. Es gibt sie in allen Reisegruppen. In den humorvollen Episoden – außer der über den *Guide du routard* – wollte ich diese amerikanischen Bestseller persiflieren. Ich wollte insgesamt ein Buch schreiben, das sich wie ein Schmöker liest. So habe ich dem Lesefluss der Erzählung und ihrer Geschwindigkeit einiges geopfert. Auch von den Zeitformen mache ich einen klassischeren Gebrauch, er basiert auf dem erprobten Imperfekt und dem Passé simple, was das Buch flüssiger macht und ihm eine klassischere Seite gibt.

Warum tauchen im Hintergrund Gestalten wie die
von Jacques Chirac, Lionel Jospin[4], Jérôme Jaffré[5] oder
Julien Lepers[6] auf?

Eine der größten Freuden bei der Lektüre von Romanen aus der Vergangenheit besteht für mich darin, dass sie ihre Epoche wiederauferstehen lassen, und sei es nur in winzigen Details. Und so nehme ich mir das Recht heraus, das auch in meinen eigenen Büchern zu tun. Es ist doch auch so, dass jeder in seinem Leben mal an Chirac denkt. Man kommt nicht umhin, an ihn zu denken. Jeder, der in Frankreich lebt, kennt Chirac. Wenn ich Marken zitiere, dann aus dem gleichen Grund. Romane müssen sich einordnen. Das liegt in der Logik des Romans. Er braucht Gegenwärtigkeit.

Ein Satz scheint Plattform zu charakterisieren, sowohl im Hinblick auf Michel als auch auf den Westen:»Das Herz ist nicht mehr bei der Sache.«

Ich glaube nicht, dass der Westen wirklich leben will. Dieses Gefühl kennzeichnet schon die erste Szene von *Ausweitung der Kampfzone*. Die Fähigkeiten der Menschen zu emotionaler Bindung sind begrenzt. Man kann sein Leben nicht völlig umstülpen. Nur die Amerikaner glauben das.

Michels letzte Worte lauten:»Man wird mich vergessen. Man wird mich schnell vergessen.« Denken Sie, dass man Sie schnell vergessen wird?

Ich habe den ganzen letzten Teil in einem großen Anfall von Masochismus geschrieben. Also vielleicht nicht. Aber ich war sehr zufrieden mit mir, denn das gab mir den Eindruck, dass es sich um mein letztes Buch handle, um eine Art Testament. Eitelkeit ist bei mir nicht sonderlich ausgeprägt. Man wird mich nicht unbedingt schnell vergessen, aber vergessen wird man mich.

Unabhängig von den jüngsten Kontroversen lösen Sie bei Ihren Lesern leidenschaftliche Reaktionen aus. Nachdem ich bei einigen Auftritten dabei gewesen war, kam bei mir das Gefühl auf, dass manche von ihnen

wirklich bereit wären, sich mit Ihnen zu schlagen . . .
Wie erklären Sie sich das?

Ich weiß es nicht . . . Vielleicht jage ich ihnen Angst ein. Letzten Endes erwartet man von mir, dass ich beruhigende Sätze sage wie etwa:»Das alles war doch nur ein Witz. In Wirklichkeit ist alles in Ordnung. Alles wird immer besser.« Ich glaube, man verlangt von mir Statements wie:»Es wird schon alles gut werden. Es gibt keinen Zivilisationskonflikt. Jacques Chirac ist am Ruder. Es sieht nur so aus, als stünden die Dinge schlecht, in Wirklichkeit ist alles in Ordnung . . .« Etwas fehlt meinen Romanen, und dieses Etwas möchte man von mir in der Realität hören: nämlich das beruhigende Schlusswort. Dahinter verbirgt sich ein Typ allgemeiner Kommunikation, wie etwa:»Die Situation ist bedenklich, aber Maßnahmen wurden eingeleitet.«,»Ja, sie ist tot, aber ich habe mit der Trauerarbeit begonnen.« Eine rein negative Aussage wird nicht mehr akzeptiert.

In einer Sendung des Fernsehkanals Canal+ sagten Sie
vor mehr als einem Jahr, dass Sie Angst hätten, eines
Tages gelyncht zu werden. Befürchten Sie heute immer
noch, dass man Ihnen das, was Sie schreiben oder von
sich geben, nicht verzeihen wird?

Ja, in Frankreich werden die Probleme zunehmen. Ich glaube nicht, dass sich die Lage beruhigen wird. Ja, doch, ich habe etwas Angst. Aber man kann ja auch schreiben, ohne zu veröffentlichen.

41

Zu den von den jüngsten Kontroversen angerichteten
»Kollateralschäden« gehört, dass Sie von der Liste des
Prix Goncourt verschwanden, von dem viele meinten,
Sie würden ihn gewinnen. Hat Ihnen das wehgetan?

Nein, überhaupt nicht. Was zählte, war, dass François Nourissier mich bis zum Schluss unterstützte. Und das hat er getan. Von der Liste des Prix de l'Académie française zu verschwinden, hat mir mehr zugesetzt. Ich hatte von den Mitgliedern der Akademie mehr Unterstützung erwartet. Beim Prix Goncourt wusste ich im Grunde, dass nur Nourissier für mich war. Deshalb glaubte ich nicht daran. Es waren vor allem die Reaktionen einzelner Leute, die mir wehgetan haben. Manche haben mich ein bisschen fallengelassen. Dafür hat mich Alain Finkielkraut leidenschaftlich verteidigt. Es ist schrecklich, was man alles nicht mehr sagen kann ... Nietzsche, Schopenhauer und Spinoza würden heute nicht mehr durchgehen. Das politisch Korrekte, so wie es heute Gestalt angenommen hat, macht fast die ganze westliche Philosophie inakzeptabel. Immer mehr Dinge können einfach nicht mehr durchdacht werden. Es ist erschreckend.

Wohnen wir nicht einfach der Geburt einer
»geglätteten« Gesellschaft bei, die die von Ihnen
erwähnte Negativität nicht mehr erträgt und
die das Böse ausmerzen will?

Ich akzeptiere die Idee, dass die Menschheit unverdorben zur Welt kommen soll. Ich kann das Vorhaben in seiner Gesamtheit diskutieren. Das Problem ist aber nun einmal, dass die Menschheit verdorben zur Welt kommt. Ein einfaches Beispiel: Angenommen, ich käme mit modifizierten Genen zur Welt, die bewirkten, dass ich keine Lust mehr aufs Rauchen hätte. Das ist ein Vorhaben, das sich verteidigen ließe: eine undifferenzierte, geglättete Menschheit. Aber heute versucht man, dieses Vorhaben durch Kastration, durch Zwang zu verwirklichen. Das kann so nicht funktionieren. Ich weiß nicht, wozu die Menschheit fähig ist, im Moment jedenfalls hat man ihr exzessive Normen auferlegt, ohne dafür wirkliche Ausgleiche zu schaffen. Was bringt es mir, wenn ich politisch korrekt bin? Man verspricht mir nicht einmal zweiundsiebzig Jungfrauen. Man verspricht mir lediglich, dass ich mich weiter abrackern und Ralph-Lauren-Hemden kaufen darf... Deshalb glaube ich, dass der einzige Inhalt des Vorhabens der Wille ist, zu verschwinden. Im Grunde genommen ist mir die Zukunft des Westens gleichgültig; aber es kann sich als schwierig herausstellen, gegen die Selbstzensur anzukämpfen. Man muss dafür immer mehr Kraft aufbringen. Das alles nervt.

Was sind Ihre Vorhaben?

Ich werde einen Band für die Taschenbuchreihe Librio schreiben: *Lanzarote und andere Texte*. Philippe Harel und ich werden *Elementarteilchen* verfilmen. Es ist aber noch nicht alles geregelt. Es fehlt der Produzent.

TECHNISCHER TROST

Dieser Text erschien in dem Band Lanzarote et autres textes
(Librio, 2002).

Ich mag mich nicht. Ich empfinde nur wenig Sympathie, geschweige denn Wertschätzung für mich. Obendrein interessiere ich mich nicht besonders für mich. Meine wichtigsten Charaktereigenschaften kenne ich seit langem, und zuletzt bin ich sie leid geworden. Als Jugendlicher, selbst noch als junger Mann sprach ich über mich, dachte ich an mich, war ich von meiner Person gewissermaßen erfüllt. Das ist heute nicht mehr der Fall. In meinen Gedanken komme ich nicht mehr vor, und schon die Aussicht darauf, eine Anekdote zu meiner Person erzählen zu müssen, versetzt mich in krampfartige Langeweile. Bin ich wirklich dazu gezwungen, lüge ich.

Dennoch, und das ist ein Paradox, habe ich es nie bedauert, mich fortgepflanzt zu haben. Man kann sogar sagen, dass ich meinen Sohn liebe und dass meine Liebe zu ihm jedes Mal wächst, wenn ich in ihm Spuren meiner eigenen Fehler wiedererkenne. Ich sehe, wie diese im Laufe der Zeit mit einem unerbittlichen Determinismus zum Vorschein kommen, und ich freue mich darüber. Ich freue mich ohne jede Scham darüber, dass sich Charaktereigenschaften wiederholen (und dadurch verewigen), die an sich nichts Ehrenwertes haben, ja die oft sogar verachtenswert sind, die in Wirklichkeit keinen anderen Verdienst haben als den, dass es meine sind. Im Übrigen sind es nicht einmal wirklich meine. Mir ist klar, dass manche das perfekte Abbild der Persönlichkeit meines Vaters, dieses vollendeten Arschlochs, sind. Seltsam aber ist, dass das meine Freude nicht schmälert. Diese Freude ist mehr als nur Egoismus; sie geht tiefer, ist unumstößlicher. Wie auch ein Gefäß mehr ist als nur seine Projektion auf eine glatte Oberfläche und ein lebender Körper mehr als sein Schatten.

Was mich bei meinem Sohn indes traurig stimmt, sind die Züge, die auf eine autonome Persönlichkeit schließen lassen (Einfluss der Mutter? Unterschiedliche Epochen? Reine Individualität?), Züge, in denen ich mich überhaupt nicht wiedererkenne und die mir fremd bleiben. Das entzückt mich ganz und gar nicht, im Gegenteil, mir wird bewusst, dass ich ein nur unvollkommenes und schwaches Abbild meiner selbst hinterlassen habe. Ein paar Sekunden lang spüre ich deutlich den Geruch des Todes. Und ich kann bestätigen: Der Tod riecht übel.

Die westliche Philosophie fördert den Ausdruck solcher Gefühle kaum. Diese Gefühle lassen keinen Raum für Fortschritt, Freiheit, Individuation, Zukunft. Sie haben nichts zum Ziel als die ewige, schwachsinnige Wiederholung ein und derselben Sache. Dazu kommt noch, dass sie nichts Originelles an sich haben. Sie werden fast von der gesamten Menschheit, ja sogar von einem Großteil des Tierreichs geteilt. Sie sind nichts anderes als die nach wie vor aktive Erinnerung an einen erdrückenden biologischen Instinkt. Die westliche Philosophie ist eine lange, geduldige und grausame Dressurvorrichtung, deren Ziel darin besteht, uns von einigen falschen Vorstellungen zu überzeugen. Die erste besteht darin, dass wir den anderen respektieren müssen, weil er sich von uns unterscheidet; die zweite besteht darin, uns glauben zu machen, dass der Tod uns etwas bringt.

Die westliche Technologie hat bewirkt, dass dieser Lack aus Ermessensfragen heute mit großer Geschwindigkeit abplatzt. Natürlich werde ich mich klonen lassen, sobald das möglich ist. Natürlich werden sich alle klonen lassen, sobald das möglich ist. Ich werde auf die Bahamas, nach Neuseeland oder auf die Kaiman-Inseln fahren. Wenn nötig, werde ich jeden Preis bezahlen (im Vergleich zum Gebot der Fortpflanzung haben moralische und finanzielle Gebote noch nie schwer gewogen). Wahrscheinlich werde ich zwei oder drei Klone haben, so wie man zwei oder drei Kinder hat. Zwischen ihren Geburten werde ich einen passenden (nicht zu großen, aber auch nicht zu kleinen) Abstand einhalten. Als ein Mann schon reifen Alters werde ich mich wie ein verantwortungsvoller Vater benehmen und meinen Klonen eine gute Ausbildung zukommen lassen. Danach werde ich sterben. Am Sterben werde ich keine Freude finden, denn es ist nicht mein Wunsch zu sterben. Mir wird jedoch nichts anderes übrig bleiben, zumindest so lange nicht, bis etwas Gegenteiliges erreicht ist. Durch meine Klone werde ich eine Form des Überlebens erreicht haben, die nicht wirklich zufriedenstellend ist, die aber höher steht als jene, die mir Kinder geboten hätten. Mehr kann mir die westliche Technologie bis dato nicht bieten.

Zum Zeitpunkt der Niederschrift dieser Zeilen bin ich nicht in der Lage, vorauszusehen, ob meine Klone einem weiblichen Bauch entwachsen werden. Es hat sich nämlich erwiesen, dass das, was dem Laien technisch gesehen einfach erschien (nämlich der Nahrungsaustausch über die Plazenta, der ein *a priori* geringeres Mysterium in sich birgt als der Akt der Befruchtung), am schwersten nachzugestalten ist. Für den Fall, dass die Technik ausreichend fortgeschritten ist, werden meine zukünftigen Kinder, meine Klone, ihr Leben in einem Reagenzglas beginnen. Das macht mich ein wenig traurig. Ich mag die Muschi der Frauen, ich bin gern in ihrem Bauch, in der elastischen Geschmeidigkeit ihrer Scheide. Ich habe Verständnis für die Sicherheitsgründe, für die technischen Notwendigkeiten. Ich habe Verständnis für die Gründe, die dazu führen, dass mehr und mehr Schwangerschaften in vitro ausgetragen werden. Ich erlaube mir diesbezüglich nur einen leichten Anflug von Nostalgie. Werden meine so weit von ihr zur Welt gekommenen Schätzchen noch *auf Muschis stehen*? Ich hoffe es für sie, ich hoffe es von ganzem Herzen. Es gibt viele Freuden auf dieser Welt, doch nur wenige Genüsse – und noch weniger, die kein Übel anrichten. Doch nun Schluss mit dieser humanistischen Abschweifung.

Wenn sich meine Klone in einem Reagenzglas entwickeln sollten, werden sie, das ist offensichtlich, ohne Bauchnabel zur Welt kommen. Ich weiß nicht, wer den Begriff »Bauchnabelliteratur« zum ersten Mal in abfälligem Sinn benutzt hat. Ich weiß jedenfalls, dass mir dieses billige Klischee immer missfallen hat. Worin bestünde das Interesse einer Literatur, die vorgibt, über die Menschheit zu sprechen, und dabei jede persönliche Erwägung ausschließt? Die Menschen gleichen einander viel mehr, als sie es sich in ihrer komischen Überheblichkeit ausmalen. Es ist viel einfacher, als man glaubt, Allgemeingültigkeit zu erzielen, indem man über sich selbst redet. Wir haben es da mit einem weiteren Paradox zu tun: Über sich selbst zu reden ist mühsam und sogar widerlich. Doch in der Literatur ist es die einzige Sache, die sich lohnt. Das geht sogar so weit, dass man den Wert eines Buches – herkömmlich und richtigerweise – an der Fähigkeit des Autors misst, sich persönlich einzubringen. Das ist grotesk, wenn man so will, es ist sogar von extremer Taktlosigkeit, aber es ist so.

Während ich diese Zeilen schreibe, betrachte ich meinen Bauchnabel, im übertragenen wie im eigentlichen Sinn. In der Regel denke ich nur wenig an ihn, und das ist auch gut so. Diese Hautfalte ist ganz offensichtlich das Zeichen einer Trennung, eines hastig geknüpften Knotens. Sie ist die Erinnerung an einen Scherenschnitt, der mich umstandslos in die Welt geschleudert und mich verdonnert hat, auf mich allein gestellt in ihr zurechtzukommen. Dieses Souvenir werdet ihr genauso wenig los wie ich. Noch als Greise, selbst noch als hochbetagte Greise, werdet ihr die Spur dieser Trennung intakt auf eurem Bauch sehen können. Eure inneren Organe könnten durch dieses schlecht verheilte Loch nach außen treten und an der Luft vermodern. Es ist jederzeit möglich, dass ihr am helllichten Tag eure Gedärme verliert. Und dass ihr verreckt wie Fische, denen man mit einem Stiefeltritt ins Rückgrat den Gnadenstoß versetzt. Ihr werdet weder die Ersten noch die Berühmtesten sein. Erinnert euch an die Worte des Dichters:

Gottes Leichnam
Windet sich vor unseren Augen
Wie ein verreckender Fisch
Den man mit Tritten erledigt.

Folgenlose Kinder, auch ihr seid bald dort angelangt. Ihr gleicht Göttern – und es wird nicht reichen. Eure Klone bekommen keinen Bauchnabel, stattdessen bekommen sie eine Bauchnabelliteratur. Auch ihr werdet euch für den Nabel der Welt halten – und sterblich sein. Schmutz wird euren Bauchnabel füllen, und das war's dann. Eure Gesichter wird man mit Erde bewerfen.

HIMMEL, ERDE, SONNE

Dieser Text erschien zuerst in dem Sammelband Contes de campagne *(Editions Mille et une nuits, 2002) und später in der Aufsatzsammlung* Lanzarote et autres textes *(Librio, 2002).*

Als erfolgreicher Autor kommt man in den Genuss bestimmter Luxusgüter, die die Gesellschaft normalerweise bedeutenderen oder wohlhabenderen Mitgliedern vorbehält. Aber für einen Mann besteht das wertvollste Geschenk des Ruhms in den – um den angelsächsischen Begriff zu verwenden – *Groupies*. Dabei handelt es sich um junge, sinnliche und hübsche Mädchen, die sich Ihnen in einem Akt der Liebe hingeben möchten, nur weil Sie etwas geschrieben haben, das ihr Innerstes angerührt hat. Mittlerweile scheint es mir möglich, dass ich die Groupies und den Ruhm eines Tages satt haben werde. Das wäre wirklich traurig, aber möglich. Doch selbst für den Fall, dass es so weit kommen wird, glaube ich, dass ich weiter schreiben werde.

Muss man daraus schließen, dass mir das Schreiben zur Notwendigkeit geworden ist? Diesen Gedanken zum Ausdruck zu bringen, fällt mir schwer: Ich finde ihn kitschig, bieder, vulgär. Doch auf die Wirklichkeit trifft das noch mehr zu. Und dennoch, sage ich mir, muss es Momente gegeben haben, in denen mir das Leben, ein erfülltes und heiles Leben, ausgereicht hat. Normalerweise sollte den Lebenden das Leben ausreichen. Ich weiß nicht, was passiert ist. Vermutlich irgendeine Enttäuschung, ich hab's vergessen. Doch finde ich nicht normal, dass man das *Bedürfnis* hat zu schreiben. Genauso wenig wie das Bedürfnis zu lesen. Und dennoch.

Von dem Ort, an dem ich mich derzeit befinde, in Irland, hat man einen Blick aufs Meer. Es ist eine mobile, etwas ungewisse, dafür aber materielle Welt. Ich hasse das Leben auf dem Lande, seine erdrückende Präsenz. Sie macht mir Angst. Zum ersten Mal lebe ich heute in einem Haus, von dessen Fenstern aus ich das Meer betrachten kann. Und ich frage mich, wie ich bisher ohne es auskommen konnte.

Wenn ich die Welt beschreibe, wenn ich lebendige und unbestreitbare, der Realität entnommene Abschnitte notiere und festhalte, dann relativiere ich sie. Sobald sie sich in einen geschriebenen Text verwandelt haben, färben sie sich, bekommen sie eine gewisse schillernde Schönheit, die darauf beruht, dass sie eine Option darstellen. Das Land ist nie eine Option, das Meer dagegen schon, gelegentlich.

Der Nebel reicht nicht. Nicht heutzutage. Er ist nicht materiell genug – darin lässt er sich mit der Poesie vergleichen. Vielleicht würden die Wolken ausreichen, wenn wir in ihnen leben würden. Der Nebel reicht nicht. Doch es gibt nichts Schöneres auf der Welt als den Nebel, der sich über dem Meer erhebt.

DEM 20. JAHRHUNDERT ENTWACHSEN

Dieser Text erschien ursprünglich in der Ausgabe Nr. 561 der Zeitschrift La Nouvelle Revue française *(April 2002) und später in dem Band* Lanzarote et autres textes *(Librio, 2002).*

Die Literatur führt zu nichts. Wenn sie zu etwas führen würde, hätte das linke Pack, das die intellektuelle Debatte das ganze 20. Jahrhundert lang an sich gerissen hat, gar nicht existieren können. Gott sei Dank ist dieses Jahrhundert nun zu Ende gegangen. Ein guter Zeitpunkt, um ein letztes Mal (das hoffe ich zumindest) auf die Vergehen der »Linksintellektuellen« zu sprechen zu kommen. Dazu sei am besten an *Die Dämonen* erinnert. Das 1872 veröffentlichte Buch ist eine bereits umfassende Vorführung ihrer Ideologie, die Episode von Schatows Mord eine klare Ankündigung ihrer Vergehen und Verbrechen. Hatten Dostojewskis Intuitionen deswegen irgendeinen Einfluss auf den Lauf der Geschichte? Nicht den geringsten. Marxisten, Existenzialisten, Anarchisten und Linksradikale jeglicher Art konnten sich breitmachen und die bis dato erforschte Welt infizieren, ganz als ob Dostojewski nie eine Zeile geschrieben hätte. Haben sie im Vergleich zu ihren Vorgängern, den Romanschriftstellern des 19. Jahrhunderts, auch nur eine Idee, auch nur einen neuen Gedanken eingebracht? Nicht im Geringsten. Das 20. Jahrhundert ist ein ödes Jahrhundert, das nichts erfunden hat. Und dazu extrem hochtrabend ist. Ein Jahrhundert, das mit ernster Miene die dümmsten Fragen stellt, wie etwa: »Kann man nach Auschwitz noch Gedichte schrei-

53

ben?«. Ein Jahrhundert, das sich bis zum letzten Atemzug in »unüberschreitbare Horizonte« projiziert (nach dem Marxismus nun die Marktwirtschaft), obwohl Comte und nach ihm Popper nicht nur die Dummheit der Historismen, sondern ihre grundlegende Immoralität hervorgehoben hatten. Berücksichtigt man die außergewöhnliche, ja beschämende Durchschnittlichkeit der »Humanwissenschaften« des 20. Jahrhunderts sowie die im selben Zeitraum von Naturwissenschaften und Technologie erzielten Fortschritte, lässt sich vermuten, dass die brillanteste und erfindungsreichste Literatur jener Zeit die Science-Fiction ist. Und dem ist in der Tat so, bis auf eine Ausnahme, die es zu erklären gilt. Erinnern wir zunächst daran, dass es selbstverständlich möglich ist, nach Auschwitz Gedichte zu schreiben, genau wie zuvor und unter den gleichen Bedingungen. Stellen wir uns jetzt eine etwas ernsthaftere Frage: Kann man nach Hiroshima noch Science-Fiction schreiben? Wenn man sich die Erscheinungsdaten von SF-Romanen anschaut, dann lautet die Antwort offensichtlich: ja, aber nicht die gleiche. Die Texte waren jetzt offen gesagt weit besser. Ein grundlegender Optimismus, der sich mit der Romanliteratur vermutlich nicht verträgt, hatte sich innerhalb weniger Wochen in Luft aufgelöst. Hiroshima war offensichtlich die Voraussetzung dafür, dass die Science-Fiction in den Rang der wirklichen Literatur aufsteigen konnte.

Es ist die Pflicht der Autoren »schöngeistiger Literatur«, ihre Landsleute auf talentierte und unbeholfene Kollegen aufmerksam zu machen, die so unvorsichtig gewesen sind, »Genreliteratur« zu produzieren, und sich dadurch im Hin-

blick auf die Literaturkritik zu einem radikalen Schatten-
dasein verdammt haben. Vor etwa zehn Jahren habe ich
mich H. P. Lovecraft gewidmet. Unlängst übernahm Emmanuel Carrère den Schriftsteller Philip K. Dick. Das Problem ist, dass es noch andere gibt, viele andere, und selbst
dann, wenn man sich lediglich auf die Klassiker beschränkt
(jene, die um den Zweiten Weltkrieg herum begonnen haben zu veröffentlichen und deren Werk im Wesentlichen
abgeschlossen ist). Clifford Simak etwa verdient allein für
Als es noch Menschen gab einen Platz in der Literaturgeschichte. Zur Erinnerung: Dieser Roman besteht aus einer
Folge kurzer Geschichten, die neben Hunden und anderen
Tieren Roboter, Mutanten und Menschen in Szene setzen.
Jeder Geschichte geht eine Streitschrift voraus, in der Phi-
lologen und Historiker, die unterschiedlichen Hundeuni-
versitäten angehören, zitiert werden. Ihre Debatten kreisen
meist um folgende Frage: Hat es den Menschen wirklich gegeben, oder ist er, wie die meisten Spezialisten glauben, eine mythische Gottheit, von Urhunden erfunden, um das
Geheimnis ihrer Herkunft zu erklären? Der intellektuelle
Reichtum von Simaks Buch (*City* in der amerikanischen
Ausgabe) beschränkt sich jedoch nicht nur auf die faszi-
nierenden Überlegungen zur historischen Bedeutung der
menschlichen Gattung. Er drückt sich auch in einer Refle-
xion über die Stadt aus, über ihre Rolle bei der Entwicklung
sozialer Beziehungen, über die Frage, ob sie diese Rolle
noch innehat oder nicht. Für die meisten Hunde hat die
Stadt, ebenso wie der Mensch, nicht wirklich existiert. Einer dieser Expertenhunde hat sogar folgendes Theorem auf-

gestellt: Ein Wesen, dessen Nervensystem komplex genug gewesen wäre, eine Entität wie z. B. eine Stadt zu errichten, wäre unfähig gewesen, sie zu bewohnen.

In ihrem goldenen Zeitalter konnte sich die Science-Fiction solche Dinge erlauben: eine wirklich perspektivische Sicht auf die Menschheit, auf ihre Traditionen, ihr Wissen, ihre Werte, ja auf ihr gesamtes Dasein. Sie war im eigentlichsten Sinne des Wortes eine philosophische Literatur. Sie war auch eine zutiefst poetische Literatur. Auch wenn Simak etwas ganz anderes mit ihnen beabsichtigte, reichen seine Beschreibungen der amerikanischen Landschaften und des amerikanischen Landlebens fast an Buchan heran, der das schottische Heideland benutzt, um den von ihm geschilderten Auseinandersetzungen zwischen der Zivilisation und der Barbarei, zwischen dem Guten und dem Bösen eine kosmische Dimension zu geben. Stilistisch gesehen stimmt es allerdings, dass die Science-Fiction nur selten an die Raffinesse und Eleganz der fantastischen – insbesondere englischen – Literatur des frühen 20. Jahrhunderts heranreicht. Obwohl sie ihre Blütezeit bereits Ende der fünfziger Jahre erreicht hat, zeigt sie erst seit kurzem Anzeichen von Ermüdung – so wie die fantastische Literatur kurz vor dem Auftreten Lovecrafts. Das ist vermutlich der Grund, weshalb kein einziger Autor bisher wirklich das Bedürfnis verspürt hat, die – ohnehin recht biegsamen – Grenzen des Genres auszudehnen. Die einzige Ausnahme ist vermutlich der seltsame, wirklich sehr seltsame Schriftsteller R. A. Lafferty. Lafferty vermittelt mitunter den Eindruck, mehr noch als Science-Fiction eine Art *Philosophy Fiction* zu schreiben.

Sie ist insofern einzigartig, als der ontologischen Spekulation darin ein wichtigerer Stellenwert zukommt als soziologischen, psychologischen oder moralischen Fragestellungen. In »Die Welt als Wille und Tapete« (der englische Titel »The World as Will and Wallpaper« enthält obendrein noch eine Alliteration) bemerkt der Erzähler, der die Grenzen des Universums erkunden will, nach einer gewissen Zeit Wiederholungen. Er findet sich in ähnlichen Situationen wieder, bis ihm klar wird, dass sich die Welt aus kleinen Entitäten zusammensetzt, die alle ein- und demselben Willensakt entstammen und die sich endlos wiederholen. Die Welt ist derart sowohl grenzen- als auch hoffnungslos. Ich kenne nur wenige Texte, die so packend sind. In *Arrive at Easterwine: The Autobiography of a Ktistec Machine* geht Lafferty bei der Veränderung gewöhnlicher Darstellungskategorien noch weiter. Der Text wird dadurch aber leider fast unlesbar.

Erwähnen muss man auch noch J. G. Ballard, Thomas M. Disch, Cyril M. Kornbluth, Norman Spinrad, Theodore Sturgeon, Kurt Vonnegut und all die anderen, die manchmal mit einem einzigen Roman oder sogar nur einer Kurzgeschichte mehr zur Literatur beigetragen haben als sämtliche Autoren des Nouveau Roman und die erdrückende Mehrheit der Krimiautoren. Wissenschaftlich und technisch gesehen war das 20. Jahrhundert auf dem Niveau des 19. Jahrhunderts. Literarisch und geistig gesehen aber war der Einbruch unglaublich, vor allem nach 1945. Die Bilanz ist ernüchternd: Wenn man sich nur die krasse naturwissenschaftliche Ignoranz eines Jean-Paul Sartre und einer Simone de Beauvoir vor Augen führt, die angeblich Philosophen waren, wenn man die fast unglaubliche Tatsache bedenkt, dass man Malraux – und sei es auch nur für einen kurzen Moment – für einen »großen Schriftsteller« gehalten hat, lässt sich das Ausmaß an Verblödung ermessen, zu dem uns der Begriff des politischen Engagements verleitet hat, und man staunt darüber, dass Intellektuelle heute überhaupt noch ernst genommen werden. Man staunt z. B., dass sich immer noch Zeitungen finden, die bereit sind, die Albernheiten eines Bourdieu oder eines Baudrillard abzudrucken. Ich glaube, die Behauptung ist kaum übertrieben, dass von der zweiten Hälfte des 20. Jahrhunderts geistig kaum etwas übrig bliebe, hätte es nicht die Science-Fiction gegeben. Will man eines Tages eine Literaturgeschichte jenes Jahrhunderts schreiben, will man sich darauf einlassen, es rückblickend zu betrachten – damit voraussetzend, dass wir ihm entwachsen sind –, so ist das etwas, das berücksichtigt werden muss. Ich schreibe diese Zeilen im Dezember 2001. Ich glaube, es ist bald so weit.

PHILIPPE MURAY IM JAHRE 2002

*Dieser Text erschien unter einem anderen Titel
am 6. Januar 2003 in* Le Figaro.

*»Der Fortschritt ist nichts anderes
als die Entwicklung von Ordnung.«*
Auguste Comte

Das Jahr 2002 wird davon geprägt sein, dass Philippe Murays[1] Gedankenwelt endlich einem breiteren Publikum zu-
gänglich gemacht wurde. Nicht, dass die graublauen und
umfangreichen Bände mit ihren abschreckenden Titeln die
Massen angezogen hätten. Aber immerhin wurde er von
zahlreichen auflagenstarken Wochenzeitschriften erwähnt
und mitunter auch interviewt. Es ist jetzt im Großen und
Ganzen möglich, Philippe Murays Positionen zu verfolgen,
ohne dafür den Zeitungskiosk verlassen zu müssen. Das ist
ein erheblicher Fortschritt. Und wenn wir wirklich über die
Moderne sprechen müssen (ich hege da gelegentlich Zweifel), dann können wir genauso gut von seinen Büchern ausgehen. Im Vergleich zu der Epoche, in der man sich Bourdieu und Baudrillard zu Gemüte führen musste (ich gebe
zu, diese Beispiele sind ein wenig karikaturistisch), ist das
angenehmer und lehrreicher.

Nehmen wir an, Philippe Muray sei eine Maschine, die
man mit (manchmal realen, von den Medien oft hochge-

spielten) Fakten speist und aus der dann Deutungen treten. Diese Deutungen leiten sich aus einer kohärenten Theorie her, die besagt, dass ein neuartiger, sanfter Terror starken Aufwind hat. Die Quintessenz dieses Terrors hat Muray in einigen brillanten und definitiven Bildern auf den Punkt gebracht (der »Homo festivus«, der »Appetit auf Strafrechtliches« und vor allem die Toleranz, »die neben sich nichts mehr toleriert«). Diese mittlerweile klassische Theorie sollte meines Erachtens zur Allgemeinbildung jedes kultivierten Menschen gehören.

Das Jahr 2002 bleibt auch das Jahr, in dem die Maschine »Muray« zum ersten Mal einige Fehler gemacht hat. Das will nicht heißen, dass sie nicht funktioniert, im Gegenteil. Man kann sogar sagen, dass sie noch nie so brillant gewesen ist. Seine wunderbare Beschreibung der Anti-Le-Pen-Demonstrationen, die Frankreich während der Präsidentschaftswahlen im April/Mai 2002 erheiterten, ist wahrscheinlich einer seiner schönsten Texte. Seine Qualitäten kommen darin voll zur Geltung: sein Weitblick, sein historisches Verständnis, seine Detailgenauigkeit und vor allem jener wunderbare Blick, der es ihm ermöglicht, unter allen Details jenes herauszufischen, das am bedeutungsschwersten ist, jenes, mit dem man einer Sache sofort auf den Grund gehen kann (in diesem Fall war es das Schild, das ein kleines Mädchen schwenkte und das die Aufschrift »Nein zu Bösewichten« trug).

In Wirklichkeit lautet meine These, dass es nicht Philippe Muray ist, der ins Schlingern gerät, sondern die Welt. Dass die Welt, die ihn umgibt, damit beginnt, abwegige

Phänomene hervorzubringen, bei denen nicht sicher ist, dass sie durch Muray interpretierbar sind, die aber aus Murayscher Sicht zumindest ambivalent sind. Kurz gesagt, meine These lautet, dass das Einheitsdenken und der sich daraus ableitende sanfte Terror anfangen, Risse zu zeigen. Beginnen wir mit der trostlosen Affäre *Rose Bonbon*[2]. Für Philippe Muray (vom *Le Figaro Magazine* auf dem Höhepunkt der Aufregung befragt) war sie eine Wiederholung des langweiligen Gebarens zwischen Zensor und Zensiertem (die in der Regel mit der ihn lächerlich machenden Niederlage des Zensors endet). Auch wenn die Ereignisse ihm in diesem Falle recht zu geben scheinen, erinnere ich daran, dass die Affäre lange auf der Kippe stand und dass erst das Eingreifen Nicolas Sarkozys ihr ein Ende setzte. Sarkozy war klar geworden, was es im Hinblick auf eine künftige Präsidentschaft bedeuten würde, dauerhaft mit einer »Rückkehr zur moralischen Ordnung« assoziiert zu werden. Der Verein *L'Enfant Bleu* verlor, doch unter Umständen, die auf einen baldigen Sieg hindeuteten. Die Wahrheit in dieser Affäre besteht darin, dass die erfolgstrunkenen Ritter des Kreuzzugs gegen die Pädophilen keine Grenzen mehr kennen; nicht einmal den Respekt der Unschuldsvermutung und erst recht nicht den der »Redefreiheit des Schriftstellers«. So konnte man atemraubende Argumente hören, wie dass sich Jones-Gorlin in seiner Eigenschaft als Schriftsteller gleich doppelt schuldig gemacht habe, da man ihm nicht einmal die *Authentizität des Augenzeugenberichts* zugute halten könne. Ich übertreibe nicht, das ist gesagt und geschrieben worden von Leuten, die Vereine verantworten.

61

Die Verfechter des »richtigen« Einheitsdenkens befinden sich hier in einer schmerzlichen Situation. Denn ebenso sehr, wie sie Künstler als Störenfriede lieben, lieben sie kleine Kinder. Mit anderen Worten haben wir es hier mit einem Widerspruch zu tun, der sich innerhalb des »richtigen« Einheitsdenkens (das ich der Einfachheit halber in der Folge »die Linke« nennen werde) auftut.

Mein eigenes Gerichtsverfahren scheint auf den ersten Blick weniger spannend, denn ich bin ein Mann aus Westeuropa, sprich: eine Art Banause. Insofern sind meine Positionen nur logisch. Der einfallsreiche Kritiker Pierre Assouline hat sogar herausgefunden, dass mich von jeher ein zwanghafter Hass auf die Araber belebt, ja dass er – allem Anschein zum Trotz – das wahre Thema von *Plattform* und womöglich von all meinen Büchern ist. Ich frage mich wirklich, was mich davon abgehalten hat, diesen ärmlichen Kerl zu verklagen. Ich muss meinen *Appetit auf Strafrechtliches* offenbar noch ausbauen. Doch unabhängig von meinem Fall dürfte jedem aufmerksamen Beobachter klar sein, dass es demnächst Probleme geben wird. Dass die Linke, ohne ihre Jagd auf die Feinde des Islam zu beenden, Taslima Nasreen weiter wird unterstützen müssen (die ihrerseits schwungvoll wiederholt, dass Dummheit und Grausamkeit nicht monströse Ausrutscher des Islam sind, sondern ein ihm immanenter Bestandteil). Wenn ich zudem in Betracht ziehe, dass sich solche Beispiele in nächster Zeit wahrscheinlich häufen werden (ganz zu schweigen von dem Gesindel aus den Vororten, das in den Antisemitismus abdriftet, sowie allen möglichen anderen Sorgen), kommen mir jene Laborratten in den Sinn, die von gefühllosen Verhaltensforschern unaufhörlich widersprüchlichen Stimuli unterworfen werden. Ich kann mich nicht mehr genau daran erinnern, was mit ihnen passiert. Es ist auf jeden Fall nichts Erfreuliches. Mit einem Wort: Um die Linke ist es schlecht bestellt.

Die bislang bedeutungsvollste Episode dieser sich vor uns ausbreitenden neuen Ära ist zweifellos die Affäre der »Neuen Reaktionären«[3], über die in den Zeitungen bereits ausführlich berichtet wurde. Das Buch hat gelinde gesagt nur wenig Zuspruch gefunden. In seiner Funktion als Chefbulle konnte Edwy Plenel[4] nicht anders, als seinen Untergebenen zu decken. Dieser Aufgabe ist er gewissenhaft, wenn auch ohne Begeisterung nachgekommen. Vielleicht spürte er bereits, dass die Sache schlecht angelaufen war. Die meisten Journalisten scheinen sich dieses langweilige Namedropping nur widerstrebend vorgenommen zu haben. Verglichen mit dem spürbaren Genuss, mit dem sie aus einem von Philippe Murays Wälzern zitieren, und sei es das winzigste Zitat, erschien es ihnen offensichtlich zu lang, trotz der nur sechsundneunzig Seiten.

Doch das alles war noch kein wirklicher Grund zur Beunruhigung. Dass ein Linker ein langweiliges Buch schreibt, lag eher in der Ordnung der Dinge. Unerwartet dagegen war die Reaktion der Angeklagten. Der unglückliche Lindenberg war wahrscheinlich davon ausgegangen, dass sie wie kleine Mäuse auseinanderstreben und sich voneinander distanzieren würden. Das Gegenteil trat ein. Alain Finkielkraut bekam geradezu einen Wutanfall und bezeichnete das Buch als »dumm« und »scheußlich«. Pierre-André Taguieff, der etwas mehr Humor bewies, begrüßte das Hervorbringen des ersten »Softpamphlets« durch die »Zentrumsextremen«. Zusammen mit ein paar anderen verfassten die beiden unverzüglich ein »Manifest für freies Denken«. Es war also weder die Scham noch die Angst davor, entlarvt zu werden, die sich in ihren schuldvollen Blicken spiegelte, sondern eher ein leichtes Funkeln der Befriedigung bei der Ankündigung der Wiederaufnahme der Kampfhandlungen.

Von noch größerer Bedeutung war etwas anderes: Es waren vor allem die Gegner der im Buch Angeklagten, die sich gegen die Wortschöpfung der »Neuen Reaktionären« wehrten. Die Betroffenen selbst schienen sich eher darüber zu freuen. (Was mich betrifft, bestätige ich: Einer Liste anzugehören, auf der Alain Finkielkraut, Pierre-André Taguieff, Christopher Lasch, Philippe Muray und Maurice Dantec stehen, kann mich nur erfreuen. Die anderen kenne ich weniger, das macht mir aber eher Lust, sie zu lesen.) So weit ist es also gekommen: In der Befürchtung, die Angeklagten könnten die widerliche Bezeichnung für sich in Anspruch nehmen, sprachen ihre Gegner sie davon frei.

Doch das Übel war angerichtet, der Wurm im Apfel. Unglücklicher Lindenberg – entscheidende Veränderungen haben mitunter belanglose Vorfälle zur Ursache. Erinnern wir daran, dass die »Neuen Reaktionären« noch wenige Monate zuvor so schwach, schattenhaft und unorganisiert waren, dass sie es nicht einmal vermocht hatten, Jean-Pierre Chevènements[5] Präsidentschaftskandidatur angemessen zu unterstützen. Dieses schmale Bändchen bewirkte, dass ihre Reihen zusammenrückten, dass ihnen klar wurde, dass Geistesgrößen und Talente unter ihnen waren, und dass sie unfreiwillig zur führenden intellektuellen Kraft des Landes aufstiegen. Genosse Rosanvallon[6], Ihr Streich war genial: Auf dem nächsten Gipfel in Davos erhalten Sie dafür alle unsere Glückwünsche.

Nachdem feststeht, dass wir die Besten sind, können wir einem Publikum, das den qualitätvollen Schlagabtausch schätzt, endlich vorführen, wie weit unsere innere Zerstrittenheit reicht. Ich persönlich habe bereits eine Debatte mit Philippe Muray über die Vorzüge des Massentourismus in meinem Terminkalender notiert; eine andere mit Maurice Dantec über die Aussichten der menschlichen Fortpflanzung durch das Klonen; eine Art Generalkolloquium über den Monotheismus und unter Umständen ein weiteres über die Prostitution (die beiden Themen haben insofern etwas gemeinsam, als jeder etwas zu ihnen zu sagen hat). Ich sage es Ihnen lieber gleich: 2003 verspricht ein geiles Jahr zu werden. Machen Sie sich auf etwas anderes gefasst als auf die Stiftung Saint-Simon7!

Jetzt müssen wir nur noch einen Sponsor finden, und somit wende ich mich, ein wenig aufgewühlt, an euch, liebenswerte, klassische, reaktionäre, edle Hüter der Welt von gestern, Freude sei euch in dieser Weihnachtszeit beschert, denn der Ewige hat euch eine zahlreiche Nachkommenschaft beschieden. Wahrscheinlich habt ihr den massiven Ansturm auf eure ehemals so friedlichen Gestade mit ein wenig Sorge verfolgt; umso mehr, als alle vorausgegangenen Erscheinungsformen des »Neuen« (der Neue Roman, die Neuen Philosophen) einen berechtigten Verdacht auf die Qualität dieser Immigration geworfen hatten. Seid unbesorgt: Wir sind intelligent, wir sind fleißig und mit euren Traditionen vertraut. Wir verstehen es, uns anzupassen. Wir sind imstande, das Beste aus eurer Tradition zu bewahren. Wir halten sie aufrecht. Außerdem verstehen wir es, jene Anpassungen vorzunehmen, die für den Eintritt ins dritte Jahrtausend unumgänglich sind. Entspannt euch, Kids, wir nehmen die Dinge in die Hand. Das Ende des Tunnels ist sichtbar. Ich brauche euch unsere Intellektuellen nicht anzupreisen, ihr kennt sie bereits. Ihr wisst, dass sie mit Finkielkraut und Taguieff über bemerkenswerte Rekruten verfügen, die jedes Argument einer »neuen Linken«, falls sie sich denn präsentieren sollte, zu entkräften imstande wären. Der Fall der Schriftsteller ist zugegeben etwas heikler. Ihr seid hoffentlich damit einverstanden, dass wir die Frage der Sitten (Drogen, Sexorgien) schnell zu den Akten legen. Ihr habt schon ganz andere verdaut, die kaum mehr taugten. Wer aber kann voraussagen, was ein Maurice Dantec in fünf Jahren denken wird? Es hat den Anschein, als ob er sich im Moment von guten Autoren inspirieren lässt (Revel, de Maistre). Doch sein eigentliches Projekt ist weiterhin eine Synthese von Katholizismus und Nietzsche. Ein unmögliches und daher unheimliches Vorhaben. Denn selbst wenn es interessante Nebeneffekte haben kann (die Produktion von Meisterwerken), bietet es keine Garantie wirklicher ideologischer Zuverlässigkeit. Zugegeben, mein eigener Fall ist in Anbetracht der Autoren, die ich gern zitiere (Schopenhauer, Auguste Comte und wenn ich gut gelaunt bin Wittgenstein), kaum weniger problematisch. Tja, wie soll ich es sagen? Ihr werdet es auf euch nehmen müssen, ideologische Verirrungen mit einem mitfühlenden oder spöttischen Schleier zu verhüllen, ihr werdet euch die Mühe machen müssen, euch einzig und allein auf die literarischen Qualitäten der Texte zu konzentrieren. Das könnt ihr. Das habt ihr schon getan, davon legt eure glorreiche Vergangenheit Zeugnis ab. Habt keine Angst. Ich spüre, dass ihr auf einem guten Weg seid.

AUF DEM WEG ZUR TEILREHABILITIERUNG DES BANAUSEN

Dieser Text wurde im Internet publiziert.

In einem unlängst veröffentlichten Artikel des *Nouvel Observateur*, der sich mit den Leiden der Linken beschäftigt, begeht der ausgezeichnete Laurent Joffrin meiner Meinung nach einen Fehler, indem er erklärt, dass mich meine Aussage, der Islam sei »die dümmste aller Religionen«, in die Nähe des durchschnittlichen oder auch »Lambda«-Banausen rückte. In Frankreich, einem Land mit stark antikirchlicher Tradition, wäre die Einstellung des Lambda-Banausen etwa die: »Für mich sind alle Religionen gleich, das ist doch gehüpft wie gesprungen.« Der Bitte folgend, das näher zu erklären, würde er wahrscheinlich ausführen: »Das ist ein einziger Schwachsinn, der die Leute nur unterdrückt, der sie daran hindert, sich zu verwirklichen, und sie dazu verleitet, sich gegenseitig umzubringen; der sich mit goldgewirkter Bekleidung ausstaffiert, während das arme Volk vor Hunger verreckt.« Diese Meinung klingt – wie alle Haltungen des Lambda-Banausen – zunächst einmal einleuchtend.

Da der Banause aber nur schwer auszumachen und demzufolge schwer zu befragen ist, seien zu seiner Illustration einige berühmte Banausen herangezogen: Guy Bedos[1], Siné[2] (erinnert sei hier an die Eleganz, mit der er sich zu Catherine Millet geäußert hat) oder besser noch Cabu[3], der den Begriff des »Banausen«[4] geprägt hat. Stellen wir zunächst fest, worin ihr Banausentum besteht: Der Kategorie des Lambda-Banausen gehören sie natürlich nicht an, und ein Begriff wie der des »Alpha-Banausen« sollte charismatischeren Persönlichkeiten wie Jean-Marie Le Pen vorbehalten bleiben. Mir scheint, der Begriff »Beta-Banause« passt ganz gut zu ihnen, doch trifft der Begriff »verkrüppelter Banause« meiner Meinung nach noch besser auf sie zu. Denn obwohl sie eine natürliche Veranlagung zum Banausentum haben, haben sie es nicht verstanden, Gewinn daraus zu schlagen (ein traumatisches Ereignis hat sich zugetragen, etwas, das sie vom Weg abgebracht hat). Die ungetrübte Gelassenheit des Banausen ist ihnen so verwehrt geblieben. Daher rührt das etwas Verkrampfte, Boshafte in ihnen, das sich u. a. darin äußert, dass es ihnen an Humor fehlt. Der Zen-Buddhist ist mitunter ziemlich lustig, der Prollbanause ebenfalls, Cabu dagegen nie.

Und wie denkt nun Cabu über Religionen? Ungefähr so, wie ich es oben beschrieben habe. Wenn für Cabu alle Religionen gleich sind, dann deswegen, weil er nicht in der Lage ist, sie voneinander zu unterscheiden. Mit Ausnahme vielleicht ihrer Kleidung.

Dem verkrüppelten Banausen fehlt es nicht nur an Verstand und an Humor, ihm gebricht es mehr noch an moralischem Empfinden. Erinnern wir daran, dass ein Großteil von Cabus grafischem Werk darin bestanden hat, sich über Behinderte lustig zu machen und hinterfotzig für ihre Vernichtung zu plädieren (vgl. die bestialische Hartnäckigkeit, mit der er die Kategorie »Nun lasst sie doch leben« konsequent mit Bildern von Mongoloiden und Querschnittsgelähmten speist, die nur grob ein unterschwelliges »Bringt sie doch um« verdecken). Unfähig, die Religionen klar voneinander zu unterscheiden, ist er zu einem Werturteil erst recht nicht in der Lage. Z. B. ist er unfähig zu sagen, diese Religion ist nobel und ausgezeichnet, jene andere ist Mittelmaß und von nur geringem Nutzen. Diese dritte indes ist wirklich unerträglich. Dabei sind gerade eine intellektuelle Prüfung der Religionen und eine Beurteilung ihrer Moral eine Aufgabe, der sich jeder Mensch stellen muss. Der gewöhnliche Banause, der eine Art tierische Unschuld für sich in Anspruch nimmt, spricht sich davon frei. Seine Lossagung, mit der er sich über seinesgleichen erheben will, zwingt zu einem strengen Urteil und dem Schluss, dass er darin wie auch in anderen Belangen leicht unter dem Durchschnittsniveau der Menschheit steht.

PRÄLIMINARIEN ZUM POSITIVISMUS

Dieser Text erschien als Vorwort zu Michael Bourdeaus Werk
Auguste Comte aujourd'hui *(Kimé, 2003).*

Das Ende der Metaphysik

Alles im politischen und moralischen Denken des Auguste
Comte scheint wie geschaffen dafür, den modernen Leser
zu verärgern. Genau darum geht es in diesem Band. Doch
bevor wir zum eigentlichen Thema kommen, sollte ein Problem wenn nicht aus dem Weg geräumt, so doch zumindest
berücksichtigt werden. Ihm, Comte, schien das Ende der
Metaphysik unmittelbar bevorzustehen. Doch mehr als ein
Jahrhundert später sind wir ihr noch immer nicht entwachsen. Mehr noch, wir haben weniger denn je die Absicht, ihr
zu entwachsen. Angesichts der vielen Zeitschriften, die die
»Rückkehr Gottes« regelmäßig als Titel bringen, könnte sich
ein Satiriker sogar die Frage stellen, ob wir nicht in Gefahr
schweben, ihr *durch die Hintertür* zu entwachsen.

Etwas ernsthafter könnten wir uns fragen, ob das meta-
physische Denken – das Comte zum Trotz alles andere als
eine Übergangsphase inmitten des Auflösungsprozesses der
ihm vorangegangenen Theologien ist – nicht zur Folge hat,
dass diese Theologien künstlich am Leben erhalten werden,
und zwar durch die Ungewissheit, die jede Metaphysik in
sich birgt.

Das Zeitalter der modernen Metaphysik beginnt mit René Descartes. Die erstaunlichen wissenschaftlichen und technischen Fortschritte der Renaissance waren von einer Art philosophischer Unschuld begleitet worden. Ein Denken, das sie zu strukturieren vermocht hätte, hatte es nicht gegeben. Wahrscheinlich war das der Grund, weshalb die katholische Kirche die Gefahr nicht gleich erkannte und zu spät reagierte, zu einem Zeitpunkt, an dem die geistigen Fundamente ihrer Autorität bereits unterhöhlt waren. Descartes, der auf diesem Trümmerfeld weit und breit allein stand, vollbrachte etwas wirklich Neues, als er das Physische zum ersten Mal in dieser Deutlichkeit vom Metaphysischen trennte. Indem er die unnützen Denkkategorien »Materie« und »Geist« einander gegenüberstellte, schuf er im selben Zug die Voraussetzungen für die meisten der philosophischen Irrtümer, die in der Folge begangen wurden.

Die Denkkategorie des Geistes, die ausdrücklich dafür konzipiert worden war, gegenstandslose Probleme (wie Gott oder die menschliche Seele) in ihr einzuschließen, sollte einen stürmischen Niedergang erfahren, auch wenn dieser gekennzeichnet war von diversen Versuchen, ihr neues Leben einzuhauchen. Einige dieser Versuche, wie jener der Kantianer, waren grandios. Andere, wie die unterschiedlichen Strömungen der Psychologie, jämmerlich.

Die Erfolgsserie der Materie scheint indes nicht abzureißen. Noch heute ist der Kartesianismus in seiner Demagogie und Vereinfachung (einerseits ein maschinenartiges Universum, bestehend aus materiellen Verzahnungen; andererseits der Geist, wie vorsichtshalber dort hingestellt, um von empfindsamen Seelen oder für heikle Fälle benutzt werden zu können) die gängige Denkweise. Mitunter wird er sogar mit der wissenschaftlichen Methode oder dem Positivismus verwechselt. Ein grausamer Irrtum, hat er doch dessen Verbreitung nur im Weg gestanden. Von Anfang an hat der Kartesianismus versucht, sich Newtons Physik zu widersetzen, mit der Begründung, dass ein Vorgang, der sich in einem Vakuum ausbreitet, für einen Materialisten unvorstellbar sei. Erst die experimentelle Evidenz brachte ihn schließlich zur Vernunft. Die Debatten, in denen es Jahre später und das gesamte 20. Jahrhundert lang um die Auslegung der Quantenmechanik ging, lassen sich nur als der Versuch erklären, die Material- und Kausalontologie um jeden Preis zu retten. Denn für den Positivisten stellen weder die Newtonsche Mechanik noch die Quantenmechanik ein besonderes Problem dar. Naturgesetze werden aufgestellt, die es ermöglichen, Phänomene modellhaft abzubilden und experimentelle Ergebnisse vorauszusagen. Entitäten werden nicht über das Notwendige hinaus vervielfacht: Was sonst?

Bereits Blaise Pascal (der sich mit den Naturwissenschaften befasst hatte, bevor er seiner mystischen Nacht verfiel) hatte uns vor dem Kartesianismus gewarnt: »Man muss im Großen und Ganzen sagen: Das geschieht durch Gestalt und Bewegung. Denn das ist wahr, doch zu sagen, welche Gestalt und welche Bewegung, und die Maschine zusammenzusetzen, ist lächerlich. Denn das ist nutzlos und unsicher und mühselig.« Diese Sätze, scharf wie ein Ockham-Rasiermesser, sind in ihrer charakteristischen Überheblichkeit schon positivistisch inspiriert. In den Augen des Positivisten findet die Materie genauso wenig Gnade wie Gott. Ontologische Bescheidenheit, die Unterordnung unter eine experimentelle Vorgehensweise, der Wille, zunächst vorauszusagen und wenn möglich zu erklären: Ein Stil war geboren, der zwar alle wissenschaftlichen Entdeckungen der letzten fünf Jahrhunderte möglich gemacht hat, dem es aber bisher nicht gelungen ist, das breite Publikum zu überzeugen.

Denn wenn es sogar den Physikern nicht gelungen ist, die Geister der Metaphysik endgültig in die Flucht zu schlagen, was soll man dann von den anderen sagen? Erinnern wir daran, dass Auguste Comte die Absonderung einer Wissenschaft namens »Psychologie« für unnötig hielt (für ihn handelte es sich um einen Zweig der Tierphysiologie) und dass sich nach seinem Tod Theorien entwickelten, die die Existenz des Individuums einfach voraussetzten, ein nicht wiedergutzumachendes Noumenon, dessen Erscheinungsform wahrscheinlich so etwas wäre wie das »Ich«. Und im Hinblick auf die Politik reicht der Verweis auf einen Zug, den Comte für eins der Grundübel der Metaphysik hielt, nämlich die Neigung, zu argumentieren statt zu beobachten. Es genügt zu betrachten, wie weit es damit bei uns gekommen ist. Und es genügt ebenfalls, sich die anhaltende Beliebtheit der »Sozialvertrags«-Theorien ins Gedächtnis zu rufen, die sich zum einen auf die Fiktion freier Individuen stützen, deren Existenz jener des Kollektivs vorausginge, und zum anderen auf den – sich daraus ableitenden – Begriff der von jeder Pflicht entkoppelten »Menschenrechte«.

Comte, der es als gegeben ansah, dass die Wissenschaften der Materie und des Lebenden zum Positivismus übergegangen waren, schlug vor, diesen auch auf die Sozialwissenschaften zu übertragen. Seine ganze Philosophie ist im Grunde nur durch einen riesigen Fehler bei der Einschätzung von Geschichte möglich gemacht worden. Da sich ihre Prämissen nicht verwirklicht haben und sich auch in nächster Zeit nicht verwirklichen werden, kann sie erst in unbestimmter Zukunft mögliche Auswirkungen zeigen. Comtes seltsamer Geschichtsoptimismus ist typisch für seine Zeit. Heutzutage fällt es schwer, sich den unglaublichen Elan vorzustellen, der Europa nach der Französischen Revolution erfasste und der auch von den Herrschaftsjahren Napoleons kaum gebremst wurde. Das trifft natürlich auch auf den Bereich der Literatur zu. Beschränken wir uns ruhig auf Frankreich oder sogar auf Paris: Wenn man bedenkt, dass Autoren wie Honoré de Balzac, François-René de Châteaubriand oder Victor Hugo (und dabei handelt es sich nur um die wichtigsten Beispiele) um 1830 auf dem Gipfel ihres Schaffens angelangt waren, dann bekommt man eine Vorstellung von der mächtigen, unausgegorenen, überschäumenden Kreativität, die sich in alle Richtungen ausbreitete. Dass das auch für die Philosophie galt, ist von Deutschland bekannt, von Frankreich weit weniger. In Anbetracht der Gegensätzlichkeit ihrer Denksysteme mag es überraschen, wenn ich Auguste Comte in die Nähe von Charles Fourier rücke. Doch haben beide etwas gemeinsam: Ansichten, die an Größenwahn, ja an Irrsinn grenzen (vom Typ Delirium bei Fourier und vom Typ Manie bei Comte), und die Gewissheit, dass sich die Gesellschaft innerhalb weniger Generationen, ja innerhalb weniger Jahre – je nachdem, welche soziale Schicht betroffen ist – auf einen völlig neuen Sockel stellen und umorganisieren lässt.

Fouriers großes Thema ist etwas, das man die »Motivation der Erzeuger« nennen könnte. Dort ragt er heraus, dort prognostiziert er überwältigende, sich innerhalb eines Menschenlebens vollziehende Verbesserungen. Comte hat dazu nicht viel zu sagen (das trifft aber auch auf Proudhon, Marx und in Wahrheit – mit Ausnahme von Fourier – auf alle Gesellschaftsreformer zu). Die andere Neuerung, für deren Realisierung er mit einem längeren Zeitraum rechnete, betrifft die Familie, das Eheleben und die allgemeinen Sexualsitten. Auch da begnügt sich Comte (mit Ausnahme der seltsamen Vorwegnahme einer am Ende jungfräulichen Mutter) mit der Wiedergabe bereits bestehender Schemata.

Dafür sind Charles Fouriers Auslassungen auf anderen Gebieten beachtlich. Er setzt sich weder mit Besitz- und Erbschaftsverhältnissen noch wirklich mit politischen Gesellschaftsordnungen auseinander und vor allem fast gar nicht mit der Religion – zu einer Zeit, in der in Frankreich das religiöse Fundament der Gesellschaft zusammenbricht, begnügt er sich mit vagen Aufrufen gegen den Atheismus. Beide Autoren haben zudem gemeinsam, dass sie viel – und zu schnell – schreiben, während sie sich zugleich finanziell absichern müssen; und beide setzen sich über stilistische Konventionen, selbst über die verbreitetsten, hinweg. Außer für ein paar Eigenbrötler, die ihre merkwürdige Art vergöttern und in ihr ein Zeichen von Genie sehen – der Umweg über das Burleske bei Fourier, die zwanghafte Wiederholung bei Comte –, gelten sie heute als unlesbar. Bisher ist es Fourier, der mehr kommentiert wurde, wahrscheinlich, weil die sexuelle Obsession im 20. Jahrhundert immer stärker geworden ist. Es heißt, das breite Publikum sei erneut auf der Suche nach Geistigem. Diese Auslegung scheint mir ein wenig übereilt. Die sexuellen Bedürfnisse erscheinen mir heute wesentlich dringlicher als die geistigen. Aber angenommen, sie würden befriedigt, und es träten in der Folge geistige Bedürfnisse zutage, täte man gut daran, sich erneut mit Comte zu beschäftigen. Denn sein wahres Thema, sein hauptsächliches Thema, ist die Religion; und dass er da neue Wege beschreitet, lässt sich nicht abstreiten.

Die Begründung der Religion

Der Mensch gehört einer sozialen Gattung an. Auf dieser Feststellung basiert das Comtesche Denken, und man darf sie nicht aus den Augen verlieren, will man auch nur die geringste Aussicht haben, Zugang zu seinen Ausführungen zu finden. Wenn Comte die Gesellschaftsformen, die unterschiedlichen Organisationsweisen und das Entstehen der menschlichen Gattung untersucht, dann tut er das sehr umfassend: Die Besitz- und Familienverhältnisse, die Produktionsweisen, das Schulwesen, die Wissenschaften, die Künste – nichts entgeht seinem herrlichen Systematismus. Doch unter allen von einer Gesellschaft hervorgebrachten

Strukturen, die diese im Gegenzug zugleich begründen, scheint ihm die Religion die sowohl wichtigste als auch die charakteristischste und bedrohteste zu sein. Comte zufolge lässt sich der Mensch im Großen und Ganzen als ein Sozialtier mit religiösem Einschlag bezeichnen.

Vor ihm betrachtete man die Religion vor allem als ein Denksystem, das dazu diente, die Welt zu erklären. Alles andere leitete sich mehr oder weniger aus ihr ab. Comte war nicht nur einer der Ersten, die spürten, dass dieses Denksystem endgültig überholt war; er verstand auch als einer der Ersten, dass die Fundamente der sozialen Ordnung, einmal ihrer religiösen Basis beraubt, ihrerseits zusammenbrechen würden. Er war einer der Ersten, die verstanden, dass eine rationale Erklärung des Universums sich mit einem bescheideneren Diskurs würde zufriedengeben müssen, und er war der Allererste, der versuchte, der sozialen Ordnung eine neue religiöse Basis zu verschaffen.

Das ist ihm, um es gelinde zu sagen, nicht gelungen: Die positive Religion hatte zwar ein paar Anhänger, ist dann aber eingeschlafen. Ein solches Scheitern eines Philosophen, der nicht nur dem Bereich der Spekulation zugeordnet werden wollte, sondern auch dem einer kurzfristig in die Praxis umsetzbaren Effizienz, muss uns zu denken geben.

Comte hatte sehr wohl verstanden, dass die Aufgabe der Religion (die sich dabei weiterhin in ein für den Verstand annehmbares Weltbild einfügen muss) darin bestand, eine Verbindung zwischen den Menschen herzustellen und ihr Zusammenleben zu regeln (an dieser Stelle kann man nichts Besseres tun, als auf Comtes Text und dessen Terminologie zu verweisen): Er hatte sowohl die Sakramente als auch einen Kalender vorgesehen. Wie tief aber der Wunsch nach Unsterblichkeit im Menschen wurzelte, hatte er vielleicht nicht verstanden – die Abschnitte, in denen er, die Frage von sich aus anschneidend, das Gespräch auf das Gebet lenkt, sind packend. Da er sich wahrscheinlich nicht die Zeit genommen hatte, das von ihm Geschriebene noch einmal durchzulesen, hat in seiner Philosophie eine Art Zweifel im Urzustand überlebt. Wie dem auch sei, die Vorstellung einer abstrakten, dem menschlichen Gedächtnis eingebrannten Unsterblichkeit hat seine nach dem Versprechen eines konkreteren Überlebens süchtigen Zeitgenossen nicht überzeugt (von den unseren ganz zu schweigen). Aber nehmen wir an, die Voraussetzungen für das Comtesche Denken hätten sich verwirklicht – was womöglich noch mehrere Jahrhunderte in Anspruch nehmen wird. Nehmen wir an, die Theismen wären ausgestorben, der Materialismus aus der Mode und der Positivismus etabliert als das einzige wirksame Denken des wissenschaftlichen Zeitalters.

Nehmen wir weiterhin an, dass man sich darauf geeinigt hätte, dass der »unersetzliche und einzigartige« Charakter des menschlichen Individuums eine hochtrabende Fiktion ist; dass sein soziales Wesen in seinem ganzen Ausmaß anerkannt wurde und berücksichtigt wird. Nehmen wir an, dass all das nicht länger Gegenstand von Kontroversen und Auseinandersetzungen ist, sondern Gegenstand einer objektiven Einschätzung, die einen Konsens bildet wie gegenwärtig die Erkenntnisse der Gentechnik. Inwieweit hat uns das bei der Begründung einer gemeinsamen Religion auch

81

nur im Geringsten weitergebracht? Wodurch wird der Gedanke an die Menschheit bzw. an das Große Wesen dem Einzelnen wünschenswerter erscheinen? Und was wird den Einzelnen, der sich des Verschwindens seiner Individualität bewusst ist, dazu bewegen, sich mit der Teilnahme an einem theoretischen Fetisch zufriedenzugeben? Und last but not least, wer interessiert sich für eine Religion, die keine Versicherung für den Tod darstellt? Comte antwortet auf diese Fragen nicht, und wahrscheinlich gibt es auch keine Antworten. Vermutlich wird die Begründung der körperlichen Unsterblichkeit durch technologische Mittel eine unumgängliche Etappe auf dem Weg zu einer neuen Religion sein. Doch was uns Comte zu verstehen gibt, ist, dass diese Religion, eine Religion für die Unsterblichen, fast genauso notwendig sein wird.

Almeria, Oktober 2002

GESPRÄCH MIT GILLES MARTIN-CHAUFFIER
UND JÉRÔME BÉGLÉ

Dieses Gespräch erschien im Oktober 2006 in der Ausgabe Nr. 3000 der Zeitschrift Paris-Match.

Wie schätzen Sie die französische Literatur der letzten Jahre ein?

1994 erschienen Vincent Ravalecs Erzählband *Cantique de la racaille* (»Loblied auf den Abschaum«) und mein Buch *Ausweitung der Kampfzone.* Im gleichen Jahr wurde der Literaturpreis Prix de Flore ins Leben gerufen und die Monatszeitschrift *Les Inrockuptibles* in eine Wochenzeitschrift umgewandelt. Etwas Neues war entstanden. Einige Unternehmen, wie z. B. der Fernsehkanal Canal+ oder der Taschenbuchverlag J'ai lu, griffen diese Tendenz sehr schnell auf. Der Slogan »Neue Generation« auf den Umschlägen von J'ai lu ärgerte damals alle Beteiligten – wir waren zu sehr Individualisten, um uns einer Generation zugehörig zu fühlen. Doch nachträglich betrachtet war das die Wahrheit. Die Verlage J'ai lu und Librio haben ausgezeichnete Arbeit geleistet. Es traten Leute an, die ihre Allgemeinbildung dem Taschenbuch verdankten – der »klassischen« Literatur, aber auch Genretiteln (Krimi, Fantasy, Science-Fiction). Dagegen hatten sie ihre unmittelbaren Vorgänger nur sporadisch gelesen.

83

Galt das nicht auch für Philippe Djian?

Ja, das ist richtig, er war unser Wegbereiter – aber er stand allein und hatte daher weniger Einfluss.

Hat die Krimireihe Série Noire[1] eine große Rolle gespielt?

Auch wenn Maurice G. Dantec[2] der Einzige war, der wirklich in ihr debütiert hat, kannten wir sie alle. Die Série Noire war lange Zeit die einzige Reihe, in der die literarische Tradition einer Auseinandersetzung mit der Welt aufrechterhalten wurde, ein Thema, das der schöngeistigen Literatur zu gewöhnlich geworden war. Leider verleitete das linksextreme Engagement vieler Krimiautoren diese zu stereotypen Ansichten (ein typisches Thema etwa sind Machenschaften um Immobilien in der Gegend von Nizza, in die ein konservativer Abgeordneter verwickelt ist). Zudem verboten ihnen die dem Genre eigenen Klischees, Intimes zu behandeln (so ist es z. B. schwierig, in Krimis eine echte Frauenfigur ausfindig zu machen). Dennoch hat diese Reihe, angeregt von ihrem Herausgeber Patrick Raynal, eine sowohl populäre als auch qualitätvolle Tradition aufrechterhalten – das hat es bisher in Frankreich im Bereich der Science-Fiction oder der phantastischen Literatur nicht gegeben.

Hat sich diese Tendenz, die Mitte der Neunziger sichtbar wurde, wieder gelegt?

Mein Gefühl ist, dass letztes Jahr etwas kaputtgegangen ist. Der Tod von Guillaume Dustan[3] hat mir sehr zugesetzt. Er war ein außergewöhnliches, extremes Wesen, er war durch seine Präsenz genauso wichtig wie durch seine Bücher. Und dann starb Philippe Muray. Er war respektlos, er hatte vor niemandem Angst. Sie werden uns in den kommenden Jahren sehr fehlen.

Wodurch ist diese Tendenz abgelöst worden?

Durch versöhnlichere Texte – zur großen Erleichterung aller Beteiligten. Eine Literatur, die erbaut, Gefühlskitsch und voraussehbare Empörung erleben ein wirkliches Comeback. Philippe Claudel etwa könnte diese Strömung ganz gut symbolisieren.

Verstanden die großen Literaten – die des
19. Jahrhunderts, Flaubert – es nicht besser, dem
Negativen einen Platz einzuräumen?

Wenn eine Gesellschaft stark und selbstsicher ist, wie das Frankreich des 19. Jahrhunderts, dann verkraftet sie eine negative Literatur. Das kann man vom heutigen Frankreich nun wirklich nicht behaupten. Die Leute brauchen Zuspruch. Sie ertragen nicht mehr die leiseste Spur von Negativität, ja nicht einmal von Realismus.

Warum ist diese literarische Schule
verschwunden?

Wir waren letztlich weniger auf Karriere bedacht, als es zunächst den Anschein hatte. Das ist mir klar geworden, als im Verlagshaus Flammarion die Nachfolge von Raphaël Sorin[4] anstand. Man fragte mich damals, ob ich jemanden wüsste, der ihn ersetzen könnte. Ich hätte sagen können: »Ja, mich«, aber für den Job des Lektors war ich zu faul. Ich habe dann Frédéric Beigbeder vorgeschlagen; ich dachte, das könnte ihm Spaß machen. Zwei Jahre später hat er gekündigt. Das zeigt einen bedauernswerten Mangel an Hartnäckigkeit, wenn es darum geht, Machtpositionen besetzt zu halten. Von all den Leuten, die Mitte der Neunziger in Erscheinung getreten sind, hat keiner ausreichend Macht gewollt. Leute wie André Gide, Roger Nimier oder Philippe Sollers haben es zu ihrer Zeit verstanden, wichtige Plätze in der Gesellschaft zu besetzen. Im Grunde sind wir Punks geblieben und werden auch deren Schicksal teilen.

Sie selbst sind ja nicht gerade mit gutem Beispiel vorangegangen ...

Das stimmt. Es war falsch von mir. Machtpositionen bleiben nie lange frei. Und wir haben dadurch die Gelegenheit verpasst, unseren literarischen Geschmack durchzusetzen.

Aber es bleibt doch immer noch Zeit, diese Machtpositionen zu besetzen.

Nein, es ist zu spät. 1998 z. B. hatten wir alle Karten in der Hand. Der Zug ist abgefahren, jetzt sind andere, Jüngere,

am Zug. Wir sind von denen besiegt worden, die Pascal die
»Halbgewandten« nannte: Lehrer, Bibliothekare ...

Diese Bewegung hat also nur zehn Jahre angehalten.
Das ist wenig.

Der Pop hat letztlich auch nicht länger als zehn Jahre angehalten, die Glanzzeit der Romantik oder des Surrealismus
ebenso wenig. Wobei ich uns nicht mit denen vergleichen
will, unser Niveau lag schon eine Stufe unter ihrem.

Sehen Sie noch einen Platz für sich in einer Literatur,
die zurückkehrt zu Gefühlskitsch und Rührseligkeit?

Ich weiß, was man tun muss, um als nett zu gelten, ich bin
nicht blöd. Aber ich habe keine Lust darauf. Ich habe viel zur
heutigen Gesellschaft gesagt, und im Grunde habe ich die
Nase voll von ihr. Deshalb denke ich, dass ich zu meiner Ju-
gendliebe, der Science-Fiction, zurückkehren werde. Schon
Die Möglichkeit einer Insel war ein Schritt hin zu dieser Ver-
wandlung. Die Science-Fiction ermöglicht es mir, auf eine
Literatur umzusatteln, die poetischer und empfänglicher für
das Träumen ist. In ihr ist es möglich, dass die Handlungs-
motive der Romanfiguren weniger von einer allen bekannten, von der Balzacschen Dichotomie (Genuss und Geld)
bereits gut zusammengefassten Realität diktiert werden.

Warum gibt es nur recht wenig gute Science-Fiction-
Literatur ?

Es ist eine zu intelligente Literatur, die Emotion, die sich aus der persönlichen Identifizierung herleitet, kommt nicht in Gang. Es gibt nur wenig wirkliche Science-Fiction-Romane mit bewegenden und unvergesslichen Helden. Das reizt mich. Das ist ein interessantes Ziel.

Sie sind viel angegriffen worden. Leidet man unter solchen Attacken?

Ich glaube, Guillaume Dustan war zerbrechlicher als der Durchschnitt. Ich bin da ein bisschen widerstandsfähiger. Von einem Idioten beschimpft zu werden bleibt eine kleine Freude. Und wahrscheinlich ist es angenehmer, beschimpft zu werden, als ignoriert. Bei der *Möglichkeit einer Insel* allerdings ging das zu weit.

Sind das Buch oder sein Autor schlecht
aufgenommen worden?

Man verfolgte mich mit einer Art Gehässigkeit, als ob mein Erfolg oder meine Berühmtheit zu groß geworden seien und ich dafür bezahlen solle. Ich hatte gespürt, dass ich zu weit gegangen war, dass man mir nicht vergeben würde. Als ich das Manuskript abgab, sagte ich mir, jetzt gehen die Probleme los. Und als ich im Juni der Zeitschrift *Les Inrockuptibles* ein Interview gab, wusste ich, dass ich meine letzten ruhigen Momente erlebte. Dieses Land hat eine erschreckend rachsüchtige Seite. Trösten kann ich mich mit Lesereisen nach Argentinien und Kroatien.

Aber Frankreich widmet seinen Schriftstellern doch einen regelrechten Kult?

Das stimmt, dieses Land misst seiner Literatur eine große Bedeutung bei, im Unterschied zu anderen Nationen, für die es kein Problem darstellt, wenn sich im Handel nur noch amerikanische Bücher finden. Es ist das Land auf der Welt, in dem es für einen Schriftsteller am einfachsten ist, einen Fernsehauftritt zu bekommen. Doch wenn man zu viel Erfolg hat, gilt das als unanständig. Es gibt ein egalitaristisches Fieber, das den Erfolg nur schwer verkraftet.

Sind die französischen Verlage gut?

Sie sind ein bisschen konventionell: Sie mögen keine Kurzgeschichten, keine Poesie . . . Einmal wollte ich ein Buch veröffentlichen lassen, das man mir zugeschickt hatte. Das ist mir nicht gelungen. Es waren Kurzgeschichten einer jungen Frau, ich fand sie gut und hatte sie einem Verleger gegeben, es hat nicht geklappt. Das hat mich aufgebracht. Vor allem wenn man bedenkt, dass die Lektüre unverlangt eingesandter Manuskripte x-beliebigen Personen anvertraut wird. Das wird in Verlagshäusern als minderwertige Arbeit angesehen, während sie der qualifiziertesten Person anvertraut werden sollte. Es ist gegenwärtig sehr gut möglich, dass große Texte ignoriert bleiben.

Was erwarten Sie von einem Verleger?

Dass mein Text nicht verändert wird. Das hört sich harmlos an, aber da ich fast jedes Mal verklagt werde, bedeutet es schon viel, das zugestanden zu bekommen. Abgesehen davon interessiert mich das Buch als Gegenstand. Ich finde die französischen Bücher hässlich. Ich erwarte von einem Buch, dass es schön und praktisch ist und angenehm in der Hand liegt. Dagegen habe ich die Verkaufsstrategien meiner Verleger nie in Frage gestellt – das ist ihr Job.

Welche Ihrer Verleger – von Maurice Nadeau, dem ersten, bis zu Claude Durand, dem letzten – waren die besten?

Der begabteste, den ich kennengelernt habe, war Joachim Vital, der Chef des Verlagshauses La Différence. Er hatte in allen Bereichen Flair und war erstaunlich offen. Aber er war völlig unseriös, er bezahlte seine Autoren nicht und seine Angestellten nur unter großen Schwierigkeiten. Im Grunde war er nicht in der Lage, ein Unternehmen zu leiten. Man kann nicht sagen, dass die französischen Verlage nichts taugen. P.O.L. oder Le Dilettante[5] haben wirklich eine Rolle gespielt. Strenger als mit den Verlegern wäre ich mit den Buchhändlern.

Warum?

Mir gehen ihre Empfehlungen auf die Nerven. Der Ausdruck »coup de cœur«[6] regt mich auf. Alles in allem sind sie schwer konformistisch. Konformistischer als die Verleger.

Und was halten Sie von der Literaturkritik?

Rein theoretisch könnte man die Vorliebe dieses Landes für Kontroversen als eine seiner Qualitäten ansehen, doch hat man in den letzten Jahren übertrieben, sich viel zu oft an die Gerichte gewandt. Nicolas Jones-Gorlin, Eric Bénier-Bürckel[7], Renaud Camus[8] – viele Autoren waren Gegenstand eines Skandals oder eines Prozesses, und keiner von ihnen wird das überwinden, sie sind für immer und ewig gebrandmarkt. Auch ich hatte Probleme, aber ich befand mich in einer stärkeren Ausgangsposition ... Obendrein warf man den Autoren jedes Mal vor, sie würden »provozieren«, damit sich ihre Bücher verkaufen. Dabei hassen Verleger Kontroversen, sie lieben nichts mehr als den friedlichen Verkauf eines normierten Produkts, das spontan eine Empfehlung der Buchhändler auslösen wird ...

Aber die Scherereien haben Sie sich doch selbst eingehandelt, als Sie nach dem Erscheinen von Plattform *die muslimische Religion als die dümmste der Welt bezeichneten.*

Das stimmt. Es war dumm von mir, denn ich wurde zum Helden einer Debatte, die mich gar nicht interessiert. Ich glaube, dass der Glaube an Gott, wenn nichts dazwischenkommt, weiter abnehmen wird, auch wenn die Ereignisse das Gegenteil zu beweisen scheinen. Mein Eindruck ist, dass man sich Religionen gegenüber heute so verhält wie gegenüber bretonischen Volkstänzen: Solange es ein wenig traditionell, ein wenig altmodisch zugeht, wird das Ganze respektabel und fast sympathisch.

Jonathan Littells Buch Die Wohlgesinnten *hat fast überhaupt keine Polemik verursacht. Beneiden Sie ihn?*

Ja, denn angefeindet zu werden ist auf die Dauer ermüdend. Als *Die Möglichkeit einer Insel* erschien, neigte ich zu einem Syndrom, das ich Jean-Jacques-Goldman-Syndrom nennen würde. Der Sänger hatte sich eine Werbeseite gekauft, um auf ihr alle Verrisse eines seiner Alben abzudrucken. Er wandte sich auf pathetische Weise an seine Zuhörer, an sein Publikum. So war es auch mir ergangen. Ich war zu Tränen gerührt, wenn mir jemand auf der Straße sagte, mein Buch habe ihm gefallen. Im Grunde stimmt es sicher, dass nur das Publikum zählt, doch schreibt man der Kritik maßgebende Urteile zu. Wenn es so weit kommt, dass man sich seiner Verrisse rühmt, ist das nicht ganz normal.

Man hat den Eindruck, in Ihnen ist etwas zerbrochen.

Das stimmt. Ich habe das Gefühl, ein paar innovative und glanzvolle Jahre mitbestimmt zu haben. Ravalec, Dantec und ich haben der Welt ins Gesicht geschaut. Das fehlte der Literaturlandschaft. Ich habe schöne Erinnerungen an diese Zeit. Doch es sind nur Erinnerungen. Es war meine Jugend, und sie liegt hinter mir. Als Guillaume starb, habe ich begriffen, dass es mit meiner Jugend vorbei war. Wir hat-

ten viel Spaß, aber das Feiern ist vorbei. Die Literatur dagegen geht weiter. Sie durchquert ein Tief, danach geht's wieder bergauf.

ICH HABE MEIN LEBEN LANG GELESEN

Michel Houellebecq verfasste diesen Aufsatz anlässlich des fünfzigjährigen Bestehens des Taschenbuchverlags J'ai lu.

An die erste Erfahrung habe ich kaum eine Erinnerung, es will mir nicht recht gelingen, sie in Worte zu fassen. Da war eine schattige Veranda in der Nähe eines sonnigen Hofs (in meinen Kindheitserinnerungen scheint stets die Sonne); ein Sessel in der Mitte der Veranda und das Gefühl eines sich unendlich oft wiederholenden, köstlichen Tauchgangs. Auch das Gefühl von etwas, das mich mein ganzes Leben lang begleiten würde. Ein Eindruck von Wohlbefinden, weil »das ganze Leben lang« (vielleicht werde ich später darüber lächeln können, doch sage ich es heute mit einer gewissen Bitterkeit) mir damals sehr lang erschien.

Ich dachte, ich würde ein glückliches Leben haben. Das Unglück konnte ich mir nicht genau ausmalen, für mich war das Leben eine Wonne und ein Geschenk, und eine der Freuden dieses unendlich köstlichen Lebens war das Lesen.

Ich war ein Kind. Ich war glücklich, und Glück hinterlässt nur wenig Spuren.

Allmählich lernte ich, woraus das Leben der Menschen in Wirklichkeit bestand. Ich habe es auch aus ihren Büchern gelernt. Meine Großeltern haben wahrscheinlich nie darauf geachtet, dass sich die Bücher der *Rosa Bibliothek* und die der *Grünen Bibliothek*[1] an unterschiedliche Altersgruppen richten. Wie sonst lässt sich erklären, dass ich im Alter von zehn Jahren *Graziella*[2] lesen durfte?

Man findet dort die gesamte Romantik, in ihrer Jugendlichkeit, in ihrer ursprünglichen Kraft. Das Gedicht »Das erste Bedauern«, das den Band abschließt, ist von unglaublicher Unschuld. Weder vor noch nach Lamartine (selbst bei Racine, selbst bei Victor Hugo nicht) sind Alexandriner mit dieser Natürlichkeit, mit dieser Spontaneität, mit diesem Gefühlsüberschwang geschrieben worden.

Wie konnte Lamartine, der mit achtzehn Jahren eine Graziella kennengelernt hatte, die sechzehn Jahre alt war, das vergessen? Wie konnte er danach weiterleben? Und wie kann der Leser von Lamartine sein Leben etwas anderem widmen als der Suche nach einer sechzehnjährigen Graziella? Was die Literatur doch für eine faszinierende Krankheit ist ... so heimtückisch, so mächtig. Unglaublich viel mächtiger als das Kino und heimtückischer gar als die Musik.

Aber es gab auch andere Lektüren. Den ekelerregenden Jack London, den Lenin hoch verehrte. (Und mit Sicherheit war es die Bewunderung, die Lenin für Jack London an den Tag legte, für dessen zynische Inkaufnahme des *Überlebenskampfs*, das ganze Gegenteil zur vermeintlichen Großzügigkeit, das sich mit dem Wort »Kommunismus« verbindet, die mir die Augen öffnete und mich früh und für immer daran gehindert hat, mit dem Marxismus zu liebäugeln.) Den wunderbaren Charles Dickens. (Nie wieder werde ich so lauthals, so unverhohlen lachen, nie wieder werde ich aus Leibeskräften lachen, bis mir die Tränen kommen, wie ich es im Alter von neun Jahren tat, als ich *Die Abenteuer des*

Mister Pickwick entdeckte.) Es gab Jules Verne, es gab die Märchen von Hans Christian Andersen: *Das kleine Mädchen mit den Schwefelhölzern* hat mein Herz zerbrochen und bricht es bei jeder neuen Lektüre mit unerbittlicher Regelmäßigkeit wieder entzwei.

Ich erinnere mich ebenfalls an die Reihe *Rouge et Or* und ihre naiven Abbildungen (sie war wohl ein wenig teurer und wurde zu Geburtstagen oder Weihnachten verschenkt). Wirklich, ich habe nur gute Erinnerungen an diese Zeit. Trotzdem hätte man mir *Graziella* nicht im Alter von zehn Jahren zu lesen geben dürfen. Ich war damals bei den Mädchen gefragt, und einige von ihnen, das wird mir heute klar, hatten schon damals Hintergedanken. Aber alles in allem hatte es sich gut angelassen. Doch dann kam kurz danach die Pubertät, die mit der Mode der Miniröcke zusammenfiel. Ich hatte Mühe, das mit der Lektüre von Graziella in Einklang zu bringen. Ich begann, die Arme, die sich mir entgegenstreckten, von mir zu weisen – und das, obwohl ich unheimliche Lust auf sie hatte –, um im Leben nach Dingen zu suchen, die dort nicht zu finden waren. Kurz, die Dinge fingen an, für mich überhaupt nicht mehr zu stimmen, und ich denke bis heute, dass Lamartine bis zu einem gewissen Grad schuld daran ist. Ungefähr zur gleichen Zeit ersetzte ich auch die Kinderbuchreihen durch Taschenbuchreihen.

Für mich taugten zwei Reihen etwas: *Le livre de poche* und *J'ai lu. Folio* und *Présence du Futur* dagegen hasste ich: Sie waren zu teuer, sie hatten abstoßende Umschläge – in der Regel eine unaufdringliche Zeichnung auf weißem Untergrund. Vor allem aber war die Qualität ihrer Herstellung miserabel; es reichte aus, diese Bücher ein Dutzend Mal zu öffnen, und schon lösten sich die schlecht geklebten Seiten, das Buch fiel auseinander – während Bücher von *Livre de poche* und vor allem von *J'ai lu* unverwüstlich waren. Das mussten sie auch sein, denn diese Bücher schlug ich mehr als zehn Mal auf. Ich nahm sie überall mit hin, ins Café, in die Kantine des Gymnasiums, in den Zug – und bald nahm ich andere als Vorstadtzüge, ich nahm Züge, die Europa durchquerten. Es war die Epoche des Interrail-Tickets, ich schlief in verstaubten Zelten, in feuchten Kellern von Wohnblöcken. Doch meine *J'ai lu*-Bände gibt es immer noch, sie stehen im Moment, in dem ich diese Zeilen schreibe, neben mir. Ich bin jetzt reich, ich reise jetzt in der Business-Class, somit haben sie nichts mehr zu befürchten, das ist gut.

Später, nach dem Scheitern meiner Ehe und meiner beruflichen Karriere, habe ich angefangen zu schreiben. Genauer gesagt habe ich damit angefangen, Romane zu schreiben, die veröffentlicht wurden und mir relativ viel Ruhm und Reichtum eingebracht haben. Das hatte zur Folge, dass ich damit anfing, meine Zeitgenossen zu lesen, ich entdeckte *Originalausgaben*. Ich habe jedoch nie damit aufgehört, Bücher in Taschenbuchausgaben zu lesen oder noch einmal zu lesen, und es hat mir große Freude bereitet, bei *J'ai lu* veröffentlicht zu werden – natürlich hätte ich *Folio* oder *Presses-Pocket* nicht abgelehnt, wenn mein Verleger das gewollt hätte, aber dennoch: Der Augenblick, in dem ich mich zum ersten Mal auf einem *J'ai lu*-Umschlag gesehen habe, bleibt einer der schönsten Momente meines Lebens.

Heute lese ich weniger meine Zeitgenossen, dafür wieder mehr Klassiker. Das ist normal, ich werde älter. Ich weiß jetzt, dass ich bis an das Ende meines Lebens lesen werde – vielleicht werde ich aufhören zu rauchen, selbstverständlich werde ich aufhören, Sex zu haben, und das Gespräch mit anderen Menschen wird mehr und mehr an Interesse für mich verlieren. Dagegen gelingt es mir nicht, mich mir ohne ein Buch vorzustellen.

Ich habe den Originalausgaben, dem Buch als Gegenstand, nie einen besonderen Kult gewidmet, ich interessiere mich vor allem für den Inhalt. Und ich ersetze die Original- oder Taschenbuchausgaben meiner Bücher allmählich durch jene wunderbaren, auf Reisen so praktischen Bände der Reihen *Pléiade*, *Bouquins* oder *Omnibus*. Es gibt dennoch ein paar – sentimentale – Ausnahmen, und selbst für den Fall, dass die Dinge erneut schieflaufen sollten, selbst für den Fall, dass ich mich in einem möblierten Zimmer mit ein oder zwei Kantinenmahlzeiten wiederfinden sollte, was schließlich immer möglich ist, halte ich es für wenig wahrscheinlich, dass ich mich von bestimmten Büchern trenne, insbesondere von bestimmten *J'ai lu*.

BODENPROFILE

Dieser Text erschien erstmals im September 2008 in Artforum.

Trotz der Tatsache, dass mich Alain Robbe-Grillets Werke von Anfang an zutiefst und radikal gelangweilt haben, habe ich mich stunden-, vielleicht sogar tagelang damit abgemüht, sie zu lesen. Ich verfuhr so, wie man es gewöhnlich in solchen Fällen tut: Ich übersprang fünfzig Seiten, um zu sehen, ob es danach besser würde, ich nahm ein anderes Buch zur Hand, ich sagte mir, dass ich es später am Tag, unter günstigeren Voraussetzungen, noch einmal versuchen würde. Nichts konnte jedoch meine Langeweile mindern, nichts meine Überzeugung, dass das alles uninteressant und sinnlos war. Ich kann mich nicht daran erinnern, dass ich mir mit einem anderen Autor eine solche Selbstgefälligkeit erlaubt hätte.

Das lässt sich, glaube ich, am besten durch etwas Außerliterarisches erklären: nämlich durch unser gemeinsames Studium. Wir beide haben – mit einem Abstand von dreißig Jahren – an derselben Hochschule für Landwirtschaft studiert. Ehemaliger Student einer *Grande Ecole* zu sein, führt im französischen Bildungssystem zu uneingestandenen Komplizenschaften. Und auf die Agrarhochschule mit ihrer so eigenen, von den anderen wissenschaftlichen Studiengängen abgetrennten Ausbildung – und das von den Vorbereitungsklassen an – trifft das ganz besonders zu.

Wären wir uns danach je begegnet – wozu es Gott sei Dank nie kam –, hätten wir dem anderen wie einem »lieben Kameraden« auf die Schulter klopfen müssen; und ich glaube, wir hätten es getan (wir hätten dabei natürlich die ganze Palette des ironischen Lächelns zur Anwendung gebracht, aber wir hätten es getan). Während Robbe-Grillet Institutionen gegenüber sein ganzes Leben lang eine große Respektlosigkeit an den Tag gelegt hat (im Falle der Académie française ging das eindeutig bis zur Beleidigung), ließ er der ersten Institution seines Lebens, dem Institut National Agronomique in Paris-Grignon, bis ans Ende eine lückenlose Unterwerfung und Dankbarkeit zuteilwerden. Ich befinde mich in genau derselben Situation: Weder er noch ich haben je die *Agrarhochschule geleugnet.*

Ich glaube, er war böse auf mich, denn bevor ich in Erscheinung trat, war er stolz darauf gewesen, der Agraringenieur der französischen Literatur zu sein. Diesen Titel musste er nun mit mir teilen, und das machte ihn wütend. Es ist wahr, dass er noch andere Gründe hatte, wütend auf mich zu sein, und bestimmte Artikel, vor allem im Ausland, haben zu seiner Wut noch beigetragen. Sie verkündeten, ich sei die »einzige Sache, die seit dem Nouveau Roman in Frankreich in Erscheinung getreten« sei. Er wollte überhaupt nicht, dass nach dem Nouveau Roman in Frankreich noch etwas in Erscheinung tritt.

So lieferten wir uns ein paar Jahre lang einen dumpfen und kodifizierten Kampf. Behauptete er wiederholt und allen Tatsachen zum Trotz, dass Balzac einer unfruchtbaren Periode, einer Eiszeit in der französischen Literatur entsprach, hob ich Balzac sofort in den Himmel. Ich behauptete, dass Balzac der geistige Vater eines jeden Schriftstellers sei und dass diejenigen, die sich Balzac nicht verpflichtet fühlten, von der Kunst des Romans auch nicht das Geringste verstanden hätten. Behauptete ich in meinen eigenen Werken, dass die Soziologie vor der Psychologie den Vorrang habe? Dann jammerte er augenblicklich darüber, dass die zeitgenössische Literatur die formalen Ambitionen einer reinen Literatur aufgegeben und sich auf die Dimension einer soziologischen Studie reduziert habe. Das alles war bis zum Ende implizit, denn wir haben es immer unterlassen, in der Öffentlichkeit aufeinander anzuspielen.

Ich glaube, wir waren völlig aufrichtig: er in seiner Abneigung gegen Balzac, ich in meiner Liebe für ihn. Er in seiner Verachtung für meine Literatur, ich in meiner für seine.

Jetzt, wo mir Alain Robbe-Grillet gewissermaßen mechanisch ins Grab vorausgegangen ist, kann ich etwas freier von meinem *lieben Kameraden* sprechen, ohne ihn zu verletzen. Denn mir ist am Ende klar geworden, dass sich hinter der Hartnäckigkeit, mit der ich versucht habe, in seine schwerverdauliche Literatur hineinzukommen, mehr verbarg als simple Kameradschaft zwischen ehemaligen Kommilitonen. Alain Robbe-Grillet erinnerte mich nicht nur an die Agrarhochschule, er erinnerte mich an etwas Präziseres, etwas, was nur ehemalige Studenten der Agrarhochschule kennen: Alain Robbe-Grillet erinnerte mich an *Bodenprofile*.

Natürlich ist Bodenkunde für den Landwirt eine wichtige Disziplin, aber sie wäre noch wichtiger, wenn sie sich

Ergebnisse auf ihre Fahnen schreiben könnte, die sich reproduzieren lassen, die zu sicheren Voraussagen führen und die dem Praktiker, welcher der Landwirt nun einmal ist, zu vernünftigen Diagnosen verhelfen würden. Das ist aber leider überhaupt nicht der Fall. In meiner Studienzeit (ganz zu schweigen von der Alain Robbe-Grillets) steckte die Bodenkunde noch in den Kinderschuhen. Allein sie als »Wissenschaft« zu bezeichnen hätte bedeutet, ihr zu viel Ehre zu erweisen. Sie war im besten Fall eine »Disziplin der Beobachtung«.

Seit der Entstehung der Bodenkunde ist die Untersuchung der Bodenprofile die in ihr vorherrschende Methode. Sie besteht darin, einen Graben mit senkrechten Innenwänden auszuheben. Je nach Bodenbeschaffenheit fällt seine Höhe unterschiedlich aus (im Allgemeinen gräbt man bis zur ersten Felsschicht). Und was tut man nun, wenn der Graben fertig ausgehoben ist? Man *beobachtet*. Das heißt, man zeichnet so genau wie möglich all das, was man sieht (die Ausbreitung der Wurzeln, das Vorhandensein von Steinen, Luftlöchern, Tieren etc.). In dem Maße, in dem man sich von der Oberfläche entfernt, verändert sich der Boden in der Regel schnell. Man kann seine Zeichnung unter Umständen mit Anmerkungen versehen. Für gewöhnlich – und das ist interessant – werden nur wenige Fotos gemacht (sie dienen später gerade mal als Vorlage für Zeichnungen, die unter einfacheren Voraussetzungen wenn möglich recht schnell angefertigt werden; der kluge Blick eines Beobachters vor Ort hat einen höheren Stellenwert als das fotografische Abbild). Die Untersuchung chemischer Reaktionen in situ bleibt bruchstückhaft (zu meiner Zeit beschränkten sie sich auf die Messung des pH-Werts in unterschiedlichen Tiefen). Natürlich ist es möglich, Bodenproben zu entnehmen, damit sie später untersucht werden. Doch damit begeben wir uns in den Bereich der *Bodenanalyse*, womit wir ein anderes Kapitel aufschlagen.

Selbst wenn der angehende Landwirt von der Hoffnung angetrieben wird, am Ende seiner Untersuchung einen ihm bekannten Bodentyp vorzufinden (und in der Tat ist der untersuchte Boden in Anbetracht des geologischen Untergrunds und des Klimas meist der, den man erwartet hat), darf er ihr während seiner Untersuchung unter keinen Umständen Rechnung tragen. Das ist eine strenge Empfehlung seiner Lehrer. Natürlich ist es menschlich, dass er in Sibirien Podsol erwartet und in Madagaskar Laterit. In keinem Fall darf das aber zulasten der Sachlichkeit, der Objektivität seiner Skizzen und seiner Kommentare gehen.

Die Bodenkunde hilft dem Studenten der Agrarwissenschaften, sich jene strenge Disziplin anzueignen, die darin besteht, die Welt mit einem neutralen, rein objektiven Blick zu betrachten: Ist das nicht genau das, was Alain Robbe-Grillet später in der Literatur versucht hat?

Eine theorielose Neutralität, wie sie im Bereich der Bodenkunde uneingeschränkt vorherrscht, ist in der Wissenschaftsphilosophie alles andere als unumstritten. »Es ist die Theorie und nur die Theorie, die bestimmt, was beobachtet werden soll«, notiert Einstein harsch. Auguste Comte, der etwas mehr argumentiert, kommt zu der Schlussfolgerung, dass die Beobachtung, der keine Theorie – und sei sie

noch so vage – zugrunde liegt, zu einem planlosen Empiris-
mus verdammt ist und sich auf eine langatmige und sinnlose Aneinanderreihung experimenteller Daten reduziert.
»Eine langatmige und sinnlose Aneinanderreihung experimenteller Daten«: Trifft diese Beschreibung nicht ganz
genau auf Alain Robbe-Grillets Literatur zu?

Nachdem ich Robbe-Grillets Grenzen genau umrissen habe,
möchte ich erwähnen, was seine Stärke ausmacht – auch
wenn diese Stärke gänzlich negativ ist: Indem Robbe-Grillet das Prinzip einer Beobachtung ablehnt, der eine Theorie
zugrunde liegt, bewahrt er sich zugleich vor jeglichem *Klischee* (denn jedes Klischee enthält eine Theorie in Kurzform
und geht als solches nur durch, wenn die Theorie selbst als
veraltet und überholt gilt). Indem ich mich in meiner Literatur theoretischen Konzepten öffne, die man zur Welt entwickeln kann, und ich mich damit ständig der Gefahr des Klischees aussetze – in Wahrheit verurteile ich mich zu ihr –,
besteht (um mit Baudelaire zu sprechen) meine einzige
Chance, originell zu sein, in der Erfindung *neuer Klischees*.

ANMERKUNGEN

Gespräch mit Christian Authier

1 Französischer Schriftsteller und Journalist. Zum Zeitpunkt des Erscheinens der Originalausgabe von *Plattform* war er Chefredakteur der Monatszeitschrift Lire. Aufgrund eines dort veröffentlichten, gekürzten Interviews wurde Michel Houellebecq von verschiedenen muslimischen Vereinen wegen »Anstiftung zum Rassenhass« verklagt.

2 Dieses Kulturmagazin, das ein anderes, *Bouillon de culture* mit Bernard Pivot, ablöste, wurde mit Michel Houellebecq als »Stargast« im September 2001 zum ersten Mal ausgestrahlt. Zu diesem Zeitpunkt war die Polemik um *Plattform* schon ausgebrochen.

3 Die französische Originalausgabe von *Plattform* erschien wenige Tage vor den Anschlägen des 11. September 2001.

4 Französischer Politiker, Mitglied der Sozialistischen Partei. Von 1997 bis 2002 Premierminister.

5 Politischer Sachverständiger. Er war mehrere Jahre stellvertretender Leiter des wichtigsten französischen Umfrageinstituts Sofres.

6 Französischer Radio- und Fernsehmoderator.

Philippe Muray im Jahre 2002

1 Philippe Muray, 1945–2006, französischer Schriftsteller, Publizist und Essayist. In Frankreich bekannt geworden durch seine scharfsinnige Kritik an den Hervorbringungen der zeitgenössischen Gesellschaft.

2 Gemeint ist der Roman *Rose Bonbon* von Nicolas Jones-Gorlin. Es handelt sich um den imaginären Monolog eines Pädophilen.

3 *Le Rappel à l'ordre. Les Nouveaux réactionnaires*: Pamphlet des Historikers Daniel Lindenberg, der darin namhaften, in den französischen Me-

dien stark präsenten französischen Schriftstellern, Intellektuellen und Historikern vorwarf, konservativ, reaktionär, rassistisch und sexistisch zu sein.

4 Französischer Journalist, von 1996 bis 2004 Chefredakteur der Tageszeitung *Le Monde*.

5 Französischer Politiker, Mitbegründer der Sozialistischen Partei Frankreichs, in den achtziger und neunziger Jahren mehrmals Minister. 2002 Kandidat bei den Präsidentschaftswahlen für die von ihm gegründete *Mouvement républicain et citoyen*.

6 Pierre Rosanvallon, französischer Historiker und Intellektueller. Herausgeber der Reihe »La République des Idées«, in der Lindenbergs Pamphlet erschien.

7 Von Pierre Rosanvallon und dem französischen Historiker François Furet 1982 gegründete und 1999 aufgelöste Stiftung, die sich gegen alle Formen totalitaristischen Denkens wandte und sich für Demokratie und freie Marktwirtschaft einsetzte.

Auf dem Weg zur Teilrehabilitierung des Banausen

1 Französischer Humorist und Satiriker
2 Französischer Cartoonist und Karikaturist
3 Französischer Comiczeichner und Karikaturist
4 *»Beauf«*, französischer Argot, ursprünglich »Schwager«, bezeichnet heute abfällig eine vulgäre, ungebildete und bornierte Person.

Gespräch mit Gilles Martin-Chauffier und Jérôme Béglé

1 Eine vom traditionsreichen Verlagshaus Gallimard 1945 ins Leben gerufene Krimireihe, die ihren Namen Jacques Prévert verdankt. Die schwarzen Umschläge trugen entscheidend zu ihrem Renommee bei.
2 Französischer, in Kanada lebender Autor von Krimis, von denen einige von der Science-Fiction beeinflusst sind. Er geriet für seine als »reaktionär« eingestufte Haltung mehrmals in die Schlagzeilen.

3 1965–2005. Französischer Richter, Schriftsteller, Journalist und Lektor. Beschreibt in seinen Romanen offen die Schwulenszene. Geriet in die Schlagzeilen, als er sich öffentlich für ungeschützten Geschlechtsverkehr aussprach.

4 Ein in der Pariser Literaturszene jahrzehntelang einflussreicher Lektor. Lange Zeit auch Lektor von Michel Houellebecq.

5 Zu den von P.O.L. veröffentlichten Autoren gehören u. a. Marie Darrieusecq, Emmanuel Carrère, Robert Bober und der oben erwähnte Guillaume Dustan. Zu den Autoren von Le Dilettante zählen Vincent Ravalec und Anna Gavalda.

6 Tipp, Empfehlung. Von *avoir un coup de cœur pour qn./qc.*: sein Herz an jemanden/etwas verlieren.

7 1971 geborener französischer Schriftsteller. Autor des Romans *Pogrom* (2005), für den er u. a. wegen angeblicher Anstiftung zum Rassenhass (in diesem Fall zum Antisemitismus) angezeigt wurde. Das Gericht sprach ihn von allen Anklagen frei.

8 1946 geborener französischer Schriftsteller, Intellektueller und Ausstellungskurator. Sein umfangreiches Werk umfasst Romane, Reisereportagen, Artikel zur zeitgenössischen Kunst. Camus führt seit Jahren ein Tagebuch, aus dem er regelmäßig Auszüge veröffentlicht. Einer dieser Bände, *Campagne de France*, erschienen 2000, führte zu Anklagen des Antisemitismus.

Ich habe mein Leben lang gelesen

1 Die *Rosa Bibliothek*, eine seit Mitte des 19. Jahrhunderts bestehende Kinderbuchreihe. Ihr folgte 1924 die *Grüne Bibliothek*, die sich nach dem Zweiten Weltkrieg zu einer Jugendbuchreihe entwickelte.

2 Roman des französischen Romantikers Alphonse de Lamartine (1852).

Michel Houellebecq

DIE MÖGLICHKEIT EINER INSEL

Roman

Deutsch von Uli Wittmann

445 Seiten, gebunden
€ 24,95 (D)/sFr. 37,90
ISBN 978-3-8321-7928-3

Der Mensch ist für das Glück und dessen Voraussetzung, die bedingungslose Liebe, nicht geschaffen. Angesichts der unerträglich schmerzvollen Erfahrung des Alters nimmt er freiwillig Abschied von sich. Nur der Neo-Mensch hat überlebt – geklont und unsterblich. Aber alle menschlichen Regungen wie Lachen und Weinen, Güte, Mitleid und Treue sind ihm zu unergründlichen Geheimnissen geworden. Ist der Gesellschaftsentwurf dieses Neo-Menschen der alten Gattung wirklich überlegen?
Michel Houellebecqs Prosa ist voll visionärer Kraft. In ›Die Möglichkeit einer Insel‹ entwirft er eine radikale Zukunftsvision, die verschiedene Menschheitsentwürfe auf drastische Weise miteinander konfrontiert, eine Abrechnung mit unserer Gesellschaft, wie sie endgültiger kaum sein kann.

»Michel Houellebecq ist etwas Seltenes gelungen: die poetische Beschwörung einer unmittelbar drohenden Entmenschlichung.« **WELT AM SONNTAG**

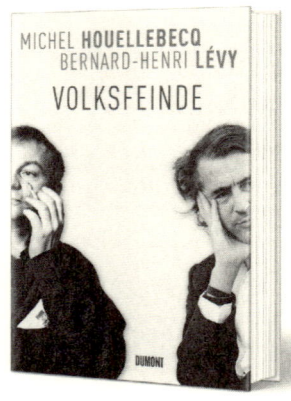

Michel Houellebecq/
Bernard-Henri Lévy

VOLKSFEINDE

Ein Schlagabtausch
Deutsch von Bernd Wilczek

320 Seiten, gebunden
€ 22,95 (D)/sFr. 34,90
ISBN 978-3- 8321-9518-2

Ein Duell in Worten. Zwei der sichtbarsten literarischen Gestalten Frankreichs begegnen sich zum Schlagabtausch: Bernard-Henri Lévy und Michel Houellebecq. Der »Philosoph ohne Ideen, aber mit Beziehungen« trifft auf den »Nihilisten, Reaktionär, Zyniker, verschämten Frauenfeind« – wie Houellebecq das ungleiche Paar gleich zu Beginn charakterisiert. In ihrem furiosen Briefwechsel betreiben sie gnadenlose Selbstanalyse. Zwei narzisstische Persönlichkeiten fragen sich, womit sie den Hass der Öffentlichkeit verdient haben, sprechen über ihre Väter, über die verachteten Journalisten und Literaturkritiker. Und sezieren das eigene Image mit einer so klugen Koketterie, dass man nur bewundernd staunen kann.

»Glänzend ... Ein Debattenbuch, das nicht politischer und nicht persönlicher sein könnte.«   DER SPIEGEL

»Ein Buch mit extrem hohem intellektuellen Unterhaltungswert ... die Erfindung des Philotainment«   DIE ZEIT